Gestalten mit Geschenkpapieren

Gestalten mit Geschenkpapieren

Originelle Ideen für Präsente
und Dekorationen

Carol Endler Sterbenz

Fotografie: Charles Gold
Styling: Sylvia Lachter

DuMont Buchverlag Köln

Für Chris, den ich seit meiner Kindheit kenne.

CIP-Titelaufnahme der Deutschen Bibliothek

Sterbenz, Carol Endler:
Gestalten mit Geschenkpapieren: originelle Ideen für Präsente und Dekorationen / Carol Endler Sterbenz. Fotogr.: Charles Gold. [Ill.: Patrick J. O'Brien. Aus d. Amerikan. von Franca Fritz u. Heinrich Koop]. – Köln: DuMont, 1990
Einheitssacht.: Decorating with gift wraps <dt.>
ISBN 3-7701-2597-5

Projektleitung: Lois Brown
Gestaltung: Darilyn Lowe
Anleitungen: Eleanor Levie
Illustrationen: Patrick J. O'Brien

Aus dem Amerikanischen von Franca Fritz und Heinrich Koop

Satz: Fotosatz Harten, Köln

Printed in Hong Kong   ISBN 3-7701-2597-5

Dank

Ohne die freundliche Unterstützung zahlreicher Personen wäre das vorliegende Buch, *Gestalten mit Geschenkpapieren. Originelle Ideen für Präsente und Dekorationen,* wohl kaum fertig geworden. Besonders danken möchte ich Lois Brown, die mir während des ganzen Projekts hilfreich zur Seite stand, Darilyn Lowe, die mit ihren Entwürfen schöne und nützliche Präsente kreierte, Charlie Gold für seine brillanten Fotos und seine unendliche Geduld, Scott Schedivy, seinem Assistenten, Sylvia Lachter, die mit Phantasie und Einfühlungsvermögen die magische Seite der vorgestellten Basteleien hervorzuzaubern verstand, Eleanor Levie, künstlerische Leiterin »extraordinaire«, die in all meinen Büchern die ermutigende »Stimme der Vernunft« ist und durch die ich die wundervollen Zeichnungen von Patrick J. O'Brien, dem technischen Leiter, kennenlernte; Joost Elffers, der so außergewöhnliche und reizvolle Ideen wie die *Geschenkpapiere von Künstlern* hat und dem ich an dieser Stelle endlich meinen Dank aussprechen kann; und schließlich möchte ich meinem Mann John und unseren Kindern Genevieve, Rodney und Gabrielle von ganzem Herzen danken, die lange genug als Mittagessen sogar Pfannkuchen mit Begeisterung akzeptierten.

Mein besonderer Dank gilt folgenden Personen und Firmen, die dieses Projekt großzügig unterstützten: Jonathan Randall von Jonathan's, Jeryl Cohen von der Basket Gallery und Phil Ziegler von The Lighting Place, alle bei Huntington, New York, Kim Mack von Crabtree & Evelyn, Scarborough & Company, Kelly Freehill von Marilyn Evins, Ltd., New York, Jim Spencer von Polo, Ralph Lauren, Willi Wear/Willi Smith, Rodney Torben Sterbenz und Catherine Janet Palmer von Midnight Origami, Inc.

Material für das *Gestalten mit Geschenkpapieren. Originelle Ideen für Präsente und Dekorationen:*
Klebstoff: Alleskleber wie UHU-Produkte und Pattex
Sprühkleber: 3M-Spray-Mount
Gummilösung: Fixogum
Montagekleber: Marabu
Sprühklarlack: Marabu
Acrylfarbe: Liquitex, Lascaux-Studio, Aquatec
Transparente Buchfolie: Brunnen, Tesa
Pappmachéformen: Palechek, P.O. Box 225, Richmond, Kalifornien 94808; Hobbytime-Bastelsysteme
Heißpunktkleber: Pattex, Rayher

Inhalt

Einführung

Als Lois Brown zum ersten Mal mit der Idee an mich herantrat, Alltagsgegenstände und Präsente mit *Geschenkpapieren von Künstlern* aus Geschenkpapierbüchern, die in Deutschland im DuMont Buchverlag erschienen sind, zu verschönern, fühlte ich mich sowohl geschmeichelt als auch gefordert. Ich hatte die exquisiten Muster dieser Geschenkpapierbücher, in denen klassische grafische Entwürfe und Arbeiten von großen Künstlern vorgestellt werden, bereits schätzengelernt und freute mich darauf, die vielen Verwendungs- und Einsatzmöglichkeiten der hübschen Papierbögen zu erforschen und damit schöne Geschenke und Accessoires für die Wohnung zu gestalten.

Obwohl ich natürlich oft Geschenkpapier auf die übliche Weise benutzt hatte, um damit Geschenke einzupacken, zögerte ich zunächst, das Papier zu zerschneiden. Aber als ich mir die Bücher mit den wunderschönen Bögen näher anschaute, konnte ich mir sofort vorstellen, wie wundervoll einzelne Motive auf kleinen Accessoires, ja sogar auf Möbeln und Wänden wirken würden. Die William-Morris-Geschenkpapiere überzeugten mich schließlich. Der vollendeten Harmonie der verschlungenen Stengel mit ihren anmutigen Blättern in salbeigrünen und saphirblauen Schattierungen konnte ich einfach nicht widerstehen. Vorsichtig begann ich das Papier zu zerschneiden und verwahrte selbst die kleinsten Schnipsel. Die Ideen für Entwürfe wuchsen mir förmlich aus den Geschenkpapieren entgegen und inspirierten mich zu weiteren Basteleien.

Der Umgang mit Geschenkpapieren blieb auch weiterhin eine Herausforderung, und ich stellte fest, daß sie keineswegs so empfindlich waren, wie ich vermutet hatte. Das Papier ist zwar Schrumpfungs- und Dehnungsprozessen unterworfen, aber ich hatte sehr schnell die Bedeutung einer dünnen, gleichmäßigen Schicht Leim auf großen Geschenkpapierbögen kennengelernt, um Wellen und Risse zu vermeiden, und stellte fest, daß Sprühklarlack, selbstklebende Buchfolie (Tesa) oder eine Unterlage aus Stoff die Strapazierfähigkeit des Papiers entschieden vergrößern konnte. Schritt für Schritt entstanden durch den spielerischen Umgang mit dem Papier immer neue Ideen. Die Gestaltungsbeispiele, die etwas mehr Erfahrung und Übung erfordern, sind gesondert vermerkt.

Gestalten mit Geschenkpapieren enthält eine Fülle von Anregungen, den grauen Alltag mit Kreativität zu verschönern; darüber hinaus kann die Beschäftigung mit hübschem Papier sogar eine wahre Wohltat für die Seele sein. Auch wenn das Erlernen eines neuen »Handwerks« für viele Menschen eine lohnende und dankbare Aufgabe ist, widmen sie ihm meist viel zu wenig Zeit. Die Vorstellung, etwas Neues von Grund auf lernen zu müssen, wirkt oft schon entmutigend, bevor man überhaupt angefangen hat. Ich schlage daher vor, bei diesem kreativen Prozeß einfach in der Mitte einzusteigen, d. h. erst einmal mit der Suche nach schönen, nützlichen und erschwinglichen Gegenständen in Secondhand-Läden oder auf dem Speicher zu beginnen und diese dann in Objekte zu verwandeln, mit denen man die eigene Wohnung verschönern oder anderen eine Freude machen kann.

Willa Cather beschreibt in ihrem Buch *Das Lied der Lerche* die Kunst als »einen Rahmen, in dem man für einen kurzen Augenblick diesen leuchtenden, schwerfaßbaren Moment einfängt, der das Leben selbst ist«. Wenn wir unsere Umgebung zu verschönern beginnen oder mit Hilfe unseres handwerklichen Geschicks ganz persönliche Geschenke entwerfen, dann verwandeln wir unsere Häuser in ein gemütliches Zuhause und gewöhnliche Alltagsgegenstände in Familienerbstücke. So können wir einen kreativen Prozeß fortsetzen, der begann, lange bevor William Morris seine wunderschönen Muster entwarf, und das Leben auf ganz persönliche Art gestalten – mit unseren Herzen und unseren Händen. Ich hoffe, daß dieses Buch Sie anregt, diese alte Tradition fortzuführen.

ACCOUNTANT
TRACING • REPRODUCTION
Paul Dudley White MD
USA 3

ACCESSOIRES FÜR IHRE WOHNUNG

Das Arbeitszimmer

Schreibtischset
Kleine Aktentruhe mit Briefständer und Papierkorb
Fotokästchen mit passendem Doppel-Bilderrahmen
Telefonbuchhülle
Notizbuch mit Paisley-Umschlag

Dieses Kapitel zeigt Ihnen, wie Sie mit dekorativen Accessoires Ihr Arbeitszimmer oder Ihre Bibliothek verschönern können. Vielleicht beginnen Sie mit einem einfacheren Gestaltungsbeispiel und wählen das Notizbuch mit Paisley-Umschlag, oder Sie entscheiden sich für ein etwas schwierigeres Projekt und wagen sich direkt an das Schreibtischset. Für die Beispiele in diesem Buch habe ich häufig die Papiere aus den Kollektionen zu *William Morris* und *Englische Blumenmuster* verwendet, aber es steht Ihnen natürlich frei, Muster zu wählen, die Ihrem persönlichen Geschmack und Stil eher entsprechen. Schauen Sie sich zunächst einmal in Ihrer Wohnung um, welche Gegenstände eine Verschönerung gebrauchen könnten. Das Telefonbuch ... der Papierkorb ... der Briefständer ... könnten sie vielleicht einen Farbtupfer vertragen? Sehen Sie sich einfach die folgenden Seiten an und lassen sich inspirieren. Probieren Sie verschiedene Möglichkeiten aus, indem Sie die Geschenkpapierbögen ausgebreitet im Zimmer verteilen, und stellen Sie so fest, welche Muster mit Ihren Möbeln harmonieren.

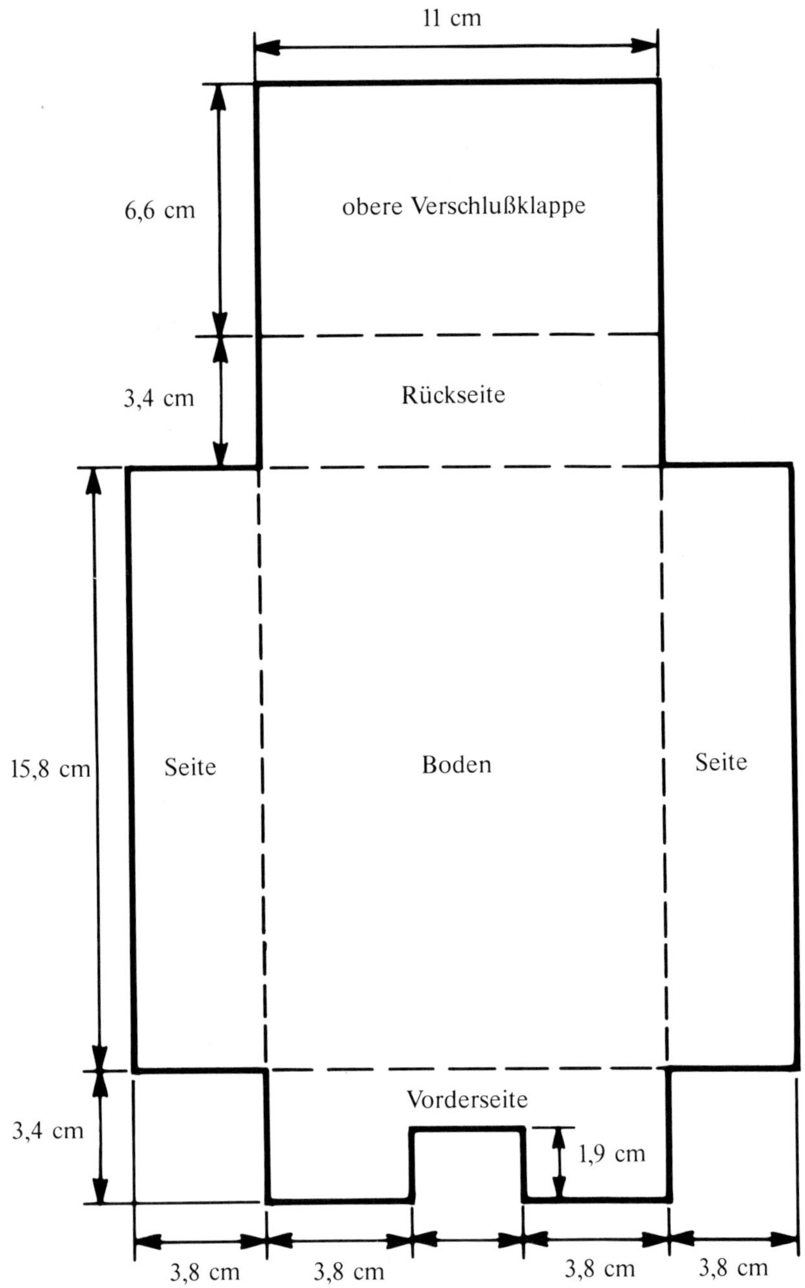

Abbildung 1: Schema für einen Zettelkasten

Schreibtischset: Schreibunterlage, Zettelkasten, Stiftköcher, Briefmarken-umschlag

MATERIAL

Geschenkpapiere von Künstlern: William Morris
Plakatkarton
dicker Zeichenkarton/Graupappe
hellgraue Blöcke für die Schreibunterlage
1,80 m selbstklebende, transparente Buchfolie
weißes und blaues grobgeripptes Seidenband: beide 1,50 m lang und 3,4 cm breit (weiß) bzw. 1,5 cm breit (blau)
Notizzettel DIN A 6
Fixogum, Heißpunktkleber, Bleistift, Lineal, Reißschiene, Zirkel, Universalmesser, Schere, Wäscheklammern

ANLEITUNG

1. Wählen Sie zunächst ein Geschenkpapier: Sie benötigen einen ganzen Bogen für den Zettelkasten und den Stiftköcher sowie Teile eines dritten Bogens für den Briefmarkenumschlag.
2. Überziehen Sie zwei Geschenkpapierbögen mit selbstklebender, transparenter Buchfolie. Folgen Sie dazu den allgemeinen Arbeitsanleitungen auf Seite 95.
3. Mit einem Bleistift und einer Reißschiene zeichnen Sie die Maße auf der Rückseite des Geschenkpapiers bzw. auf dem Karton auf. Zeichenkarton schneiden Sie am besten mit einem Universalmesser und einem Metallineal. Das Geschenkpapier können Sie mit einer Schere zuschneiden.

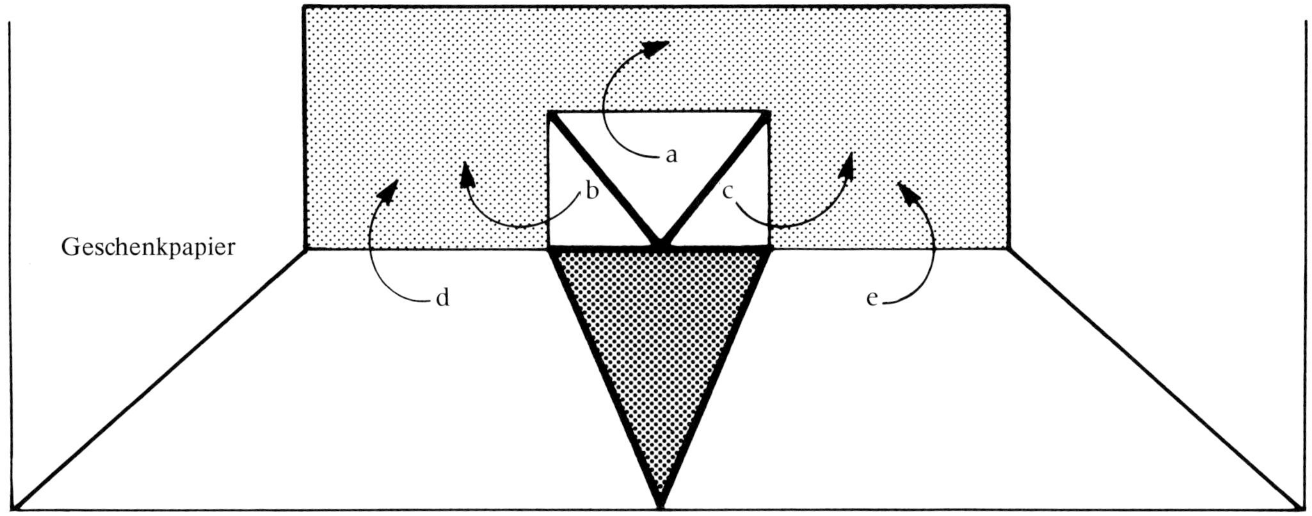

Abbildung 2: Faltanleitung für die Vorderseite des Zettelkastens

Innenansicht der Vorderseite

ausschneiden

SCHREIBUNTERLAGE

1. Auf einem dicken Zeichenkarton tragen Sie die Maße eines Rechtecks von 45,7 x 33 cm ein und schneiden es aus.
2. Dann zeichnen Sie auf Plakatkarton die folgenden Rechtecke auf: ein Rechteck von 45,0 x 32,3 cm und zwei Rechtecke à 5,7 x 33 cm. Überziehen Sie das große Rechteck aus Plakatkarton mit selbstklebender Buchfolie (s. allg. Arbeitsanleitungen).
3. Danach legen Sie einen mit Buchfolie bezogenen Geschenkpapierbogen so auf Ihre Arbeitsfläche, daß die Rückseite oben liegt und die Schmalseiten links und rechts. Jetzt kleben Sie den Zeichenkarton mit Fixogum (s. allg. Arbeitsanleitungen) in die Mitte des Geschenkpapiers.
4. Legen Sie die beiden länglichen Kartonstreifen links und rechts, ca. 0,3 cm vom Rand entfernt, neben den Zeichenkarton.
5. Schlagen Sie erst die kürzeren und dann die längeren Seiten des Geschenkpapiers nach oben um – über Plakat- und Zeichenkarton –, und kleben Sie sie fest.
6. Von dem weißen und blauen Seidenband schneiden Sie jeweils zweimal 38 cm ab und kleben mit Fixogum je einen blauen Streifen genau in die Mitte eines weißen Streifens und diese wiederum auf die richtige Seite der Plakatkartonstreifen. Dann schlagen Sie die Enden um.
7. Geben Sie Fixogum auf die Schmalseiten der Plakatkartonstreifen, und schlagen Sie die Streifen um den Zeichenkarton. Die Ecken klemmen Sie mit Wäscheklammern fest, bis der Klebstoff getrocknet ist.
8. Schieben Sie nun die kurzen Seiten des großen Plakatkartonrechtecks unter die Plakatkartonstreifen.
9. Schneiden Sie die Schreibunterlagenblöcke auf 43,1 x 32,3 cm zu, und schieben Sie die kurzen Enden ebenfalls unter die Plakatkartonstreifen.

ZETTELKASTEN

1. Auf dickem Zeichenkarton tragen Sie die Maße auf (s. Abb.). Dann schneiden Sie den Karton entlang der durchgezogenen Linien ab und ritzen ihn entlang der gestrichelten Linien ein (s. allg. Arbeitsanleitungen).
2. Nun drehen Sie den Karton um und falten ihn entlang der Linien: zuerst die beiden Seiten, dann die Vorder- und anschließend die Rückseite. Mit dem Heißpunktkleber befestigen Sie die Kanten an den Ecken. Dann falten Sie die obere Verschlußklappe nach vorne und kleben sie an den oberen Rändern der Seitenteile fest.
3. Schneiden Sie ein Rechteck von 28,5 x 35,5 cm aus einem mit Buchfolie bezogenen Geschenkpapierbogen, und legen Sie es mit der bedruckten Seite nach unten, wobei die Längsseiten von 28,5 cm die obere und untere Kante bilden. Danach überziehen Sie den Bogen mit Fixogum.
4. Die Vorderseite des Zettelkastens legen Sie flach auf das Geschenkpapier und zwar genau zwischen die Seitenteile und 4,1 cm vom unteren Rand entfernt (siehe Abbildung 2). Schräge Einschnitte anbringen, wie es in Abbildung 2 durch die fetten Linien

angedeutet wird. Nun falten Sie in alphabetischer Reihenfolge die mit Buchstaben gekennzeichneten Felder (siehe Faltanleitung) zur Innenseite des Kastens.
5. Dann klappen Sie die Seiten des Geschenkpapiers um die Seiten des Zettelkastens, schlagen sie sauber und ordentlich ein und kleben sie auf dem Boden der Schachtel fest. Nun schlagen Sie die obere Kante von 28,5 cm Länge einmal ca. 1,2 cm nach innen um und ziehen diese Kante über die Rückseite und die obere Verschlußklappe nach vorne. Die hinteren Ecken sauber umknicken und das Papier ebenfalls unter den Boden schlagen. Dafür nochmals Klebstoff auftragen.
6. Schneiden Sie von beiden Seidenbändern 29 cm ab, und kleben Sie das blaue Band genau in die Mitte des weißen. Die Bänder kleben Sie dann über die Verschlußklappe (mit einem Rand von 1,2 cm) sowie um den Zettelkasten herum und befestigen die Enden auf dem Boden der Schachtel.
7. Aus dem laminierten Geschenkpapier schneiden Sie zunächst einen schmalen Streifen zu, den Sie auf die Innenwand der Vorderseite kleben. Anschließend schneiden Sie ein Rechteck von 15,8 x 10,7 aus und kleben es innen auf den Boden der Schachtel. Zum Schluß Notizzettel einlegen.

STIFTKÖCHER

1. Schneiden Sie aus Plakatkarton einen Kreis mit 10,1 cm Durchmesser und ein Rechteck von 10,1 x 33 cm; aus Geschenkpapier, das mit Buchfolie bezogen wurde zwei Kreise mit einem Durchmesser von 9,8 cm, zwei Rechtecke von 13,3 x 34,2 cm und 10,7 x 34,2 cm.
2. Fertigen Sie nun aus dem Plakatkarton eine Rolle an; die Schmalseiten überlappen sich um ungefähr 0,6 cm und werden mit dem Heißpunktkleber befestigt. Den Kreis aus Plakatkarton auf das obere Ende der Rolle kleben.
3. Anschließend beziehen Sie den Köcher mit Geschenkpapier (s. allg. Arbeitsanleitungen). Zuerst bedecken Sie die Seiten: Wickeln Sie zunächst das größere Stück Geschenkpapier um die Rolle. Dabei sollte ein Rand von 0,6 cm am unteren Ende überstehen, und die kurzen Seiten sollten sich überlappen. Nun klappen Sie den oberen Rand des Papiers nach innen und schneiden den unteren, überstehenden Rand in regelmäßigen Abständen ein. Die so entstehenden Streifen können Sie ohne Schwierigkeiten glatt nach unten umschlagen. Anschließend kleben Sie einen Kreis aus Geschenkpapier auf den Boden der Rolle, und zwar über die umgeschlagenen Streifen.
4. Das zweite Geschenkpapierrechteck verwenden Sie als Futter für den Stiftköcher. Dazu schneiden Sie eine der Längsseiten in Streifen und kleben das Papier so im Köcher fest, daß sich die kurzen Enden wieder überlappen und die Streifen den Boden bedekken. Anschließend kleben Sie den zweiten Geschenkpapierkreis auf den Innenboden.
5. Von beiden Seidenbändern 34,2 cm abschneiden und das blaue Band genau auf die Mitte des weißen kleben. Zum Schluß kleben Sie beide entlang des oberen Köcherrandes fest.

BRIEFMARKENUMSCHLAG

1. Als Vorlage verwenden Sie einen Briefumschlag, den Sie vorsichtig vollständig öffnen und flach ausbreiten.
2. Verstärken Sie den Geschenkpapierbogen (s. allg. Arbeitsanleitungen).
3. Auf die Rückseite des Papiers legen Sie die Vorlage, übertragen deren Maße und schneiden das Geschenkpapier zu.
4. Jetzt legen Sie den ausgebreiteten Briefumschlag auf das zugeschnittene Geschenkpapier und falten ihn wieder zusammen. Zunächst die Seiten, dann den Boden und anschließend die Verschlußlasche, wobei Sie das Geschenkpapier gleichzeitig mitfalten und entlang der Falz fest zusammendrükken; dann die Vorlage entfernen.
5. Zum Schluß kleben Sie mit Fixogum die Seitenteile und den Boden des Geschenkpapierumschlags zu.

Kleine Aktentruhe mit Briefständer und Papierkorb

MATERIAL

Geschenkpapiere von Künstlern:
William Morris;
Wiener Werkstätte *(zwei Bögen für die Innenauskleidung der Truhe)*
dicker Zeickenkarton/Graupappe
schwarzer Emailleglanzlack
Montagekleber oder Weißleim
Acrylfarbe: hellgelb (A), hellgrün (B), blattgrün (C), olivgrün (D),
Goldfolienklebeband, 0,6 cm breit, erhältlich in Geschäften für Künstlerbedarf
Sprühklarlack oder Firnislack
Bleistift, Lineal, Reißschiene
Zirkel, Graphit- oder Pauspapier
Flachpinsel und spitzer Pinsel
Universalmesser, Heißpunktkleber
helles Kreidepapier
Für die Aktentruhe:
90 cm transparente, selbstklebende Buchfolie
schwarzer Baumwollstoff, 6 x 30 cm
Fixogum
Für den Papierkorb:
Pappeimer, z. B. Waschmittelbehälter

Schema der Aktentruhe: Deckel

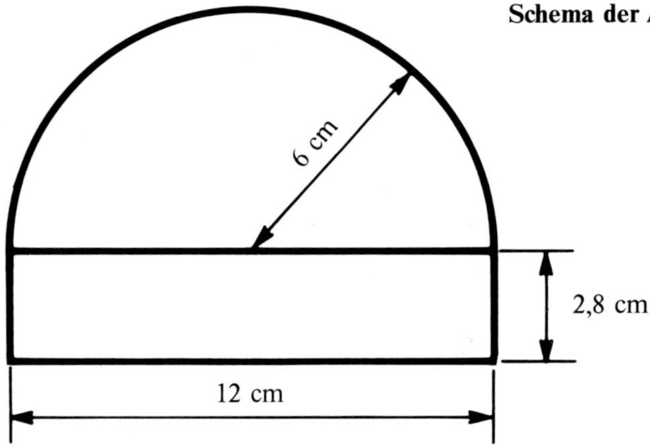

Design der Truhe (Vorlage in Originalgröße)

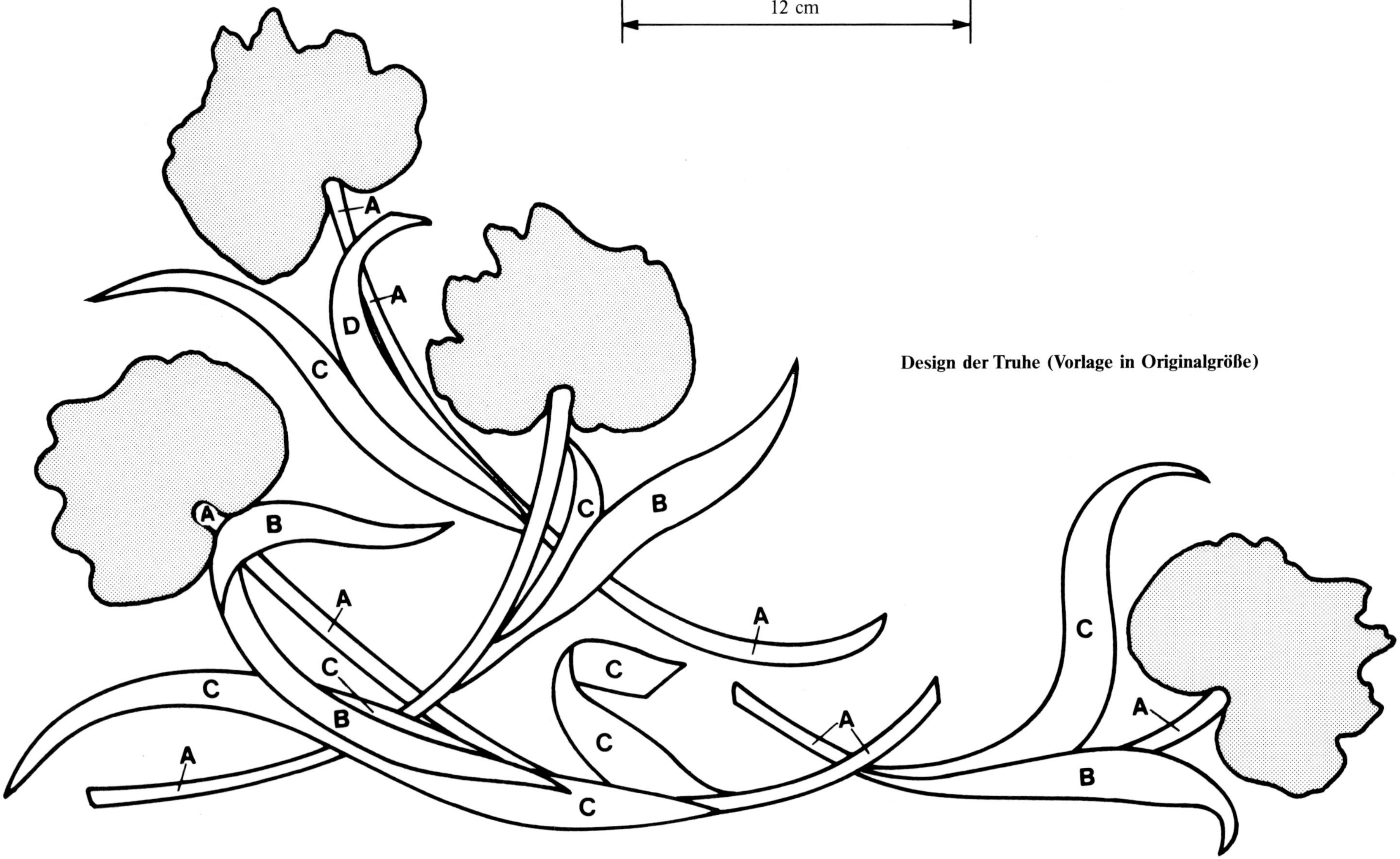

ANLEITUNG

1. Für die Truhe und den Briefständer verwenden Sie bitte die Maße, die in den jeweiligen Anleitungen angegeben werden, und tragen sie mit Hilfe von Bleistift, Zirkel, Lineal und (falls nötig) Reißschiene auf den Zeichenkarton auf. Anschließend kennzeichnen Sie die einzelnen Teile, um Verwechslungen auszuschließen. Nun schneiden Sie mit einem Universalmesser den Karton zu; gerade Linien erzielen Sie mit Hilfe des Lineals.

2. Lackieren Sie alle Oberflächen, bevor Sie die einzelnen Teile zusammensetzen: Tragen Sie zwei Schichten schwarzen Emaillelack auf, wobei Sie die erste Schicht nach dem Trocknen vorsichtig mit Sandpapier aufrauhen sollten. Dann setzen Sie die Einzelteile zusammen (s. jeweilige Anleitung) und tragen erneut zwei Emaillelackschichten auf, die Übergänge und Klebstoff überdecken. Den Papierkorb lackieren Sie viermal.

3. Wählen Sie ein Geschenkpapier mit großen Blumen, verstärken Sie das Papier (s. allg. Arbeitsanleitungen auf Seite 95) und schneiden Sie die Blumen aus. Sie benötigen vier Blüten für die Truhe und je zwei für den Briefständer und den Papierkorb.

4. Auf Pauspapier die Vorlagen für das Design der Truhe, des Briefständers und des Papierkorbs auftragen und das Papier gegen die jeweilige Vorderseite halten (ungefähre Plazierung s. Foto). Das Pauspapier mit Graphitpapier unterlegen und die Linien vorsichtig nachziehen. Anschließend können Sie die Vorlage und das Graphitpapier entfernen.

5. Mit Montagekleber befestigen Sie die Blüten (in den Vorlagen durch schattierte Flächen gekennzeichnet) oberhalb der Stengel (s. allg. Arbeitsanleitungen).

6. Dann malen Sie die Stengel und Blätter mit einem spitzen Pinsel auf. Die Buchstaben in den Vorlagen geben die einzelnen Farben an (s. Material). Für die Blätter sollten Sie die Farben leicht miteinander mischen, so daß Sie mit einem Pinselstrich gleichzeitig zwei Grünschattierungen auftragen. Malen Sie jedes Blatt in einer durchgehenden, schwungvollen Linie.

7. Versehen Sie die fertigen Teile mit zwei Schichten Sprühklarlack oder Firnislack.

Schema des Briefständers: Seitenteile

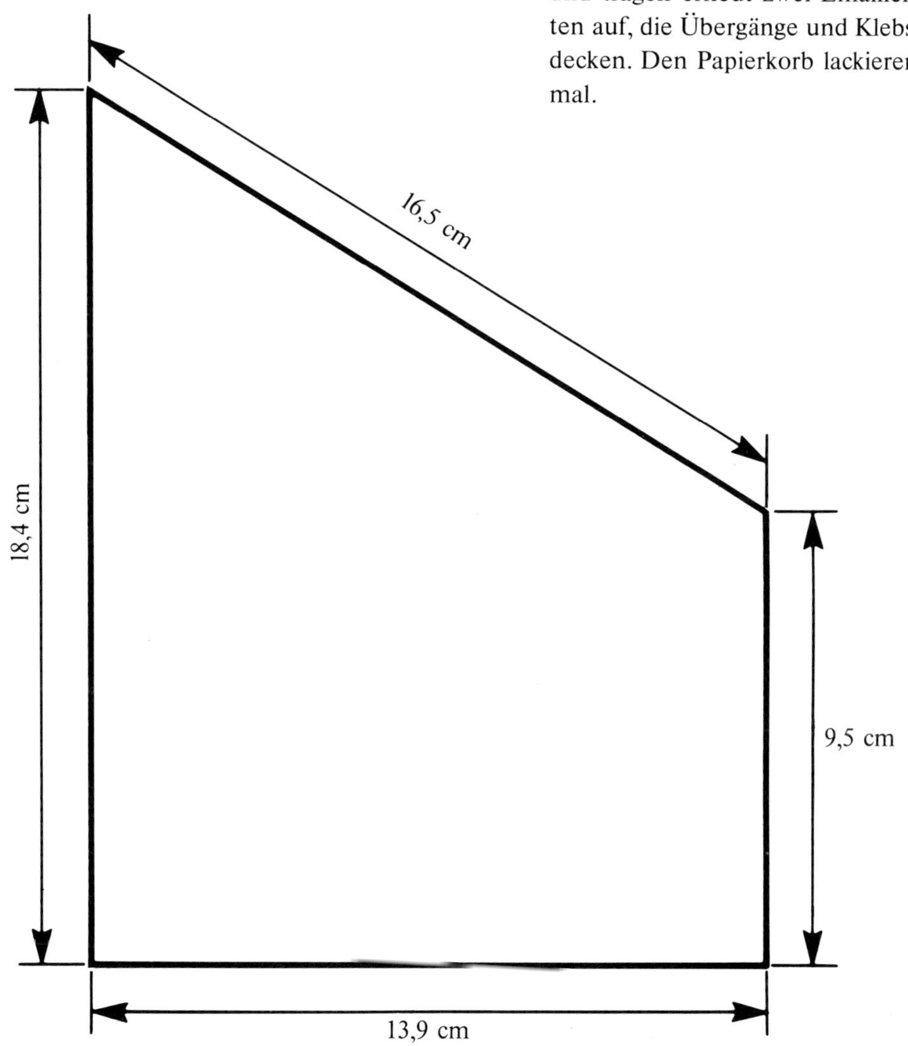

AKTENTRUHE

1. Schneiden Sie aus Zeichenkarton die folgenden Teile zu: für den gewölbten Deckel ein Rechteck von 25,4 x 33 cm; für die beiden Seitenteile des Deckels je einen Halbkreis mit einem Radius von 6 cm, an dessen untere, gerade Kante sich ein Rechteck von 12 x 2,8 cm anschließt (s. Schema); für die Vorder- und Rückseite der Truhe zwei Rechtecke von 25,4 x 33 cm; für die Truhenseiten zwei Rechtecke à 12 x 25,4 cm; für die

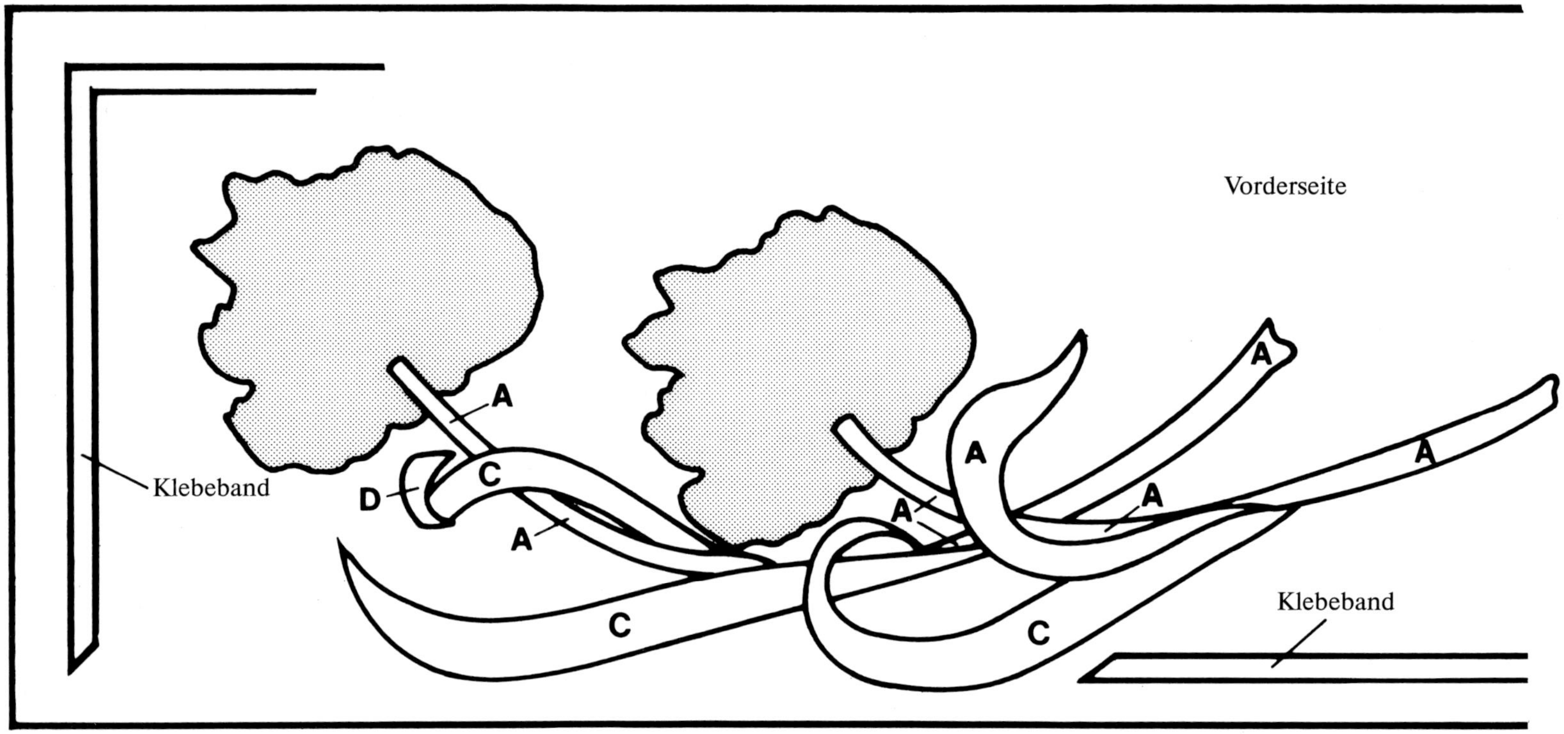

Design des Briefständers

Innenauskleidung zwei Rechtecke von 26 x 31,7 cm (Vorder- und Rückseite); zwei Rechtecke à 11,1 x 26 (Seiten); ein Rechteck von 11,1 x 31,4 cm (Boden).
2. Verstärken Sie einen Bogen Geschenkpapier für das Futter der Truhe (s. allg. Arbeitsanleitungen). Mit Hilfe der Kartonschablonen die Maße des Deckels auf die Rückseite des Geschenkpapiers auftragen und die einzelnen Teile ausschneiden.
3. Lackieren Sie die Teile wie oben beschrieben, und setzen Sie den Deckel zusammen: Mit Heißpunktklebstoff befestigen Sie eine der Längsseiten des Deckeloberteils an der runden Kante des Deckelseitenteils. Anschließend montieren Sie auf die gleiche Weise die zweite Längsseite mit dem zweiten Deckelseitenteil.
4. Nun setzen Sie die Truhe zusammen: Mit Heißpunktkleber die Seitenteile mit der Vorder- und der Rückwand zusammenkleben und anschließend den Boden ankleben.
5. Den gewölbten Deckel und die Rückseite der Truhe verzieren Sie mit Goldfolienband, das ca. 2 cm vom Rand entfernt aufgeklebt wird. Mit Montagekleber und Farbe behandeln Sie nun die Vorderseite der Truhe (s. Schritte 3 bis 6 in der Arbeitsanleitung oben).
6. Setzen Sie dann den Deckel so auf die Truhe, daß er rechtwinklig an die Rückwand anschließt. Legen Sie Bücher oder andere Gegenstände als Stütze hinter und unter den Deckel, um ihn in dieser Position zu stabilisieren. Aus schwarzem Stoff, den Sie auf 6 x 30 cm zuschneiden, fertigen Sie ein Scharnier an. Dazu das Stoffrechteck längs falten (der Stoff sollte dabei links auf links liegen) und von innen gegen die Rückkanten kleben: eine Hälfte auf den hinteren Truhenrand und die andere auf den hinteren Deckelrand.
7. Den Truhendeckel innen mit den bereits ausgeschnittenen Geschenkpapierstücken bekleben (s. oben).
8. Legen Sie die Kartonrechtecke für die Innenauskleidung auf die Rückseite des laminierten Geschenkpapiers, und übertragen Sie die Maße. Beim Zuschneiden des Papiers an allen Kanten etwa 2,5 cm zugeben.
9. Mit Fixogum die Kartonschablonen auf die entsprechenden Geschenkpapierstücke kleben, den überstehenden Rand nach hin-

ten umschlagen und ebenfalls festkleben. Nach dem Trocknen die Futterteile in die Truhe einsetzen.

BRIEFSTÄNDER

1. Schneiden Sie aus Zeichenkarton folgende Rechtecke zu: Für den Boden benötigen Sie ein Rechteck von 13,9 x 26 cm; für die Längswände je einmal 26 x 9,5 cm (Vorderseite), 26 x 11,4 cm, 26 x 13,9 cm und 26 x 18,4 (Rückwand). Für die Seitenwände zeichnen Sie zwei Fünfecke auf (s. Schema S. 17); anschließend alle Teile lackieren.
2. Mit Heißpunktkleber setzen Sie nun den Briefständer zusammen: Zunächst verbinden Sie den Boden mit der Vorder- und Rückseite sowie den Seitenteilen und verkleben die Kanten. Dann die Trennwände einsetzen und so befestigen, daß alle oberen Kanten bündig abschließen, und die Teile ein zweites Mal lackieren.
3. Verzieren Sie die oberen Kanten (0,6 cm Abstand zum Rand) der vorderen Trennwände mit selbstklebendem Goldfolienband. Zusätzlich die Seiten und Teile der unteren Kante bekleben (s. Foto auf S. 15). Den letzten Schliff erhält der Briefständer, wenn Sie die oben beschriebenen Schritte 3 bis 6 der Arbeitsanleitung durchführen.

PAPIERKORB

1. Für die Maße der Innenauskleidung stellen Sie den Behälter auf die Rückseite des verstärkten Geschenkpapiers und übertragen die Bodenmaße. Mit einer Zugabe von 1,2 cm schneiden Sie den Kreis aus und schneiden den überstehenden Rand in Abstanden von 2,5 cm bis zur markierten Linie ein. Anschließend legen Sie den Behälter auf die Seite und rollen ihn über die Rückseite des Geschenkpapiers. Als Orientierungshilfe verwenden Sie die Seitennaht des Behälters und zeichnen diese als erste Linie Ihres Geschenkpapierbezugs ein. Nun tragen Sie die Maße der Ober- und Unterkante auf und markieren die Stelle, an der Sie die Seitennaht wieder erreichen. Danach schneiden Sie mit einer Zugabe von 1,2 cm an den Seitenlinien das Papier aus und kürzen die obere Kante auf 2 cm. *Anmerkung:* Wenn Sie die Außenseite des Behälters lieber mit Geschenkpapier überziehen wollen, fertigen Sie jetzt eine identische Kopie des ersten Zuschnitts an, die Sie nach dem Füttern aufkleben.
2. Lackieren Sie den Behälter wie oben beschrieben. Für das auf dem Foto dargestellte Design kleben Sie Goldfolienband um den oberen und unteren Rand (2 cm Abstand zur Abschlußkante). Anhand der Schritte 3 bis 6 der Arbeitsanleitung verzieren Sie den Behälter von außen mit Blüten und aufgemaltem Blattwerk.
3. Dann kleben Sie den Bodenkreis in den Behälter ein. Befestigen Sie dabei auch die überstehenden Papierstreifen an der Innenseite. Das letzte, große Rechteck kleben Sie so gegen die Innenseite des Behälters, daß die Bodenkante den Boden berührt.

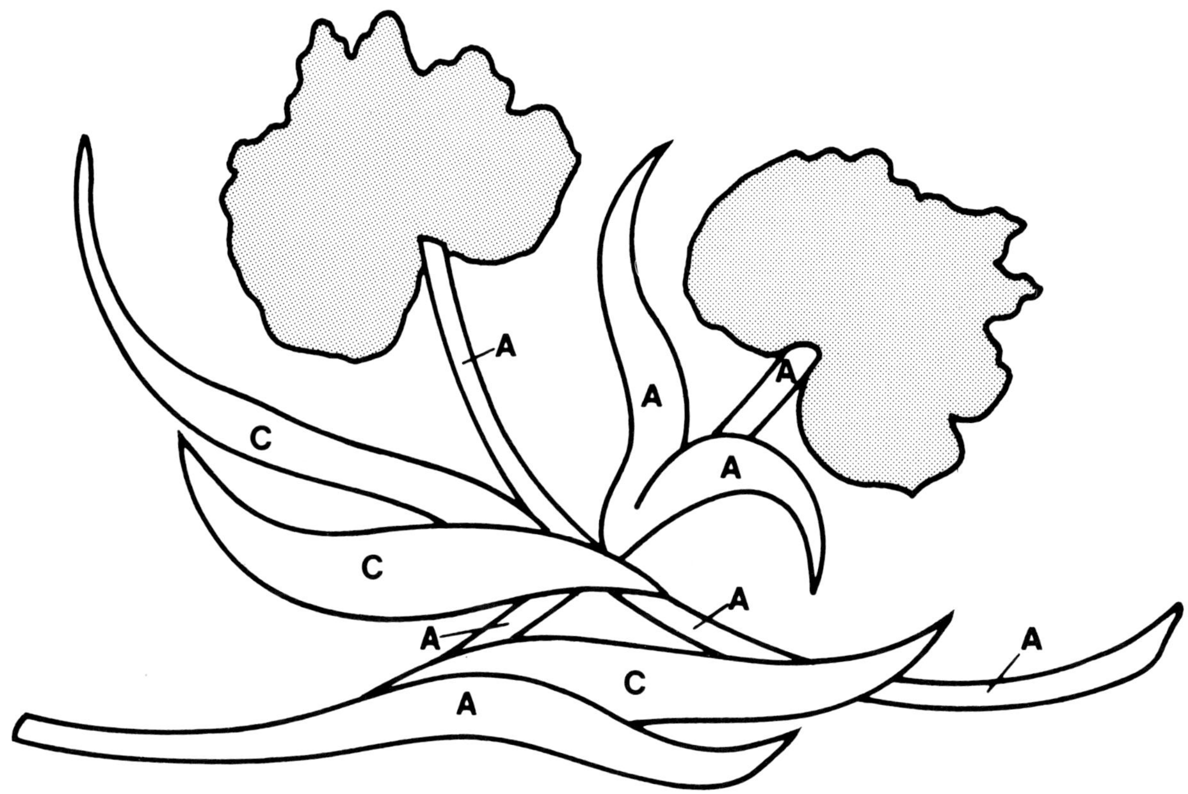

Design des Papierkorbs (Vorlage in Originalgröße)

Fotokästchen

MATERIAL

Geschenkpapiere von Künstlern:
Wiener Werkstätte
dicker Zeichenkarton/Graupappe
Plakatkarton
90 cm transparente, selbstklebende Buchfolie
1,15 m grob geripptes Seidenband, 1 cm breit, und 1,15 m Satinband mit Jacquard-Muster, 1 cm breit, in kontrastierenden Farben
Fixogum
Bleistift, Lineal, Reißschiene
Universalmesser

ANLEITUNG

1. Mit Hilfe von Bleistift und Reißschiene zeichnen Sie die folgenden Maße auf Zeichenkarton: ein Rechteck von 21,2 x 40,6 cm (Umschlag) und ein Rechteck von 6,3 x 69,7 cm (Seitenteile). Verwenden Sie ein Universalmesser und ein Lineal zum Ausschneiden dieser Rechtecke sowie eines weiteren Rechtecks von 19,6 x 15,2 cm (Einlage), das Sie aus Plakatkarton zuschneiden.
2. Anschließend ritzen Sie den Umschlag und das Seitenteil ein (s. allg. Arbeitsanleitungen auf S. 95). Dazu legen Sie die Rechtecke auf Ihre Arbeitsfläche, die Schmalseiten befinden sich dabei links und rechts. Zuerst den Umschlag auf beiden Schmalseiten längs in einem Abstand von 16,5 cm zum Rand einritzen, dann auch das Seitenteilstück einritzen, wobei Sie an der linken Kante beginnen und den Karton an den folgenden Stellen einfalzen: nach 15,2 cm; 34,9 cm; 50,1 cm.
3. Beziehen Sie einen Bogen Geschenkpapier mit selbstklebender Buchfolie (s. allg. Arbeitsanleitungen S. 95).
4. Übertragen Sie die Maße der Kartonschablonen auf das laminierte Geschenkpapier, und schneiden Sie die Rechtecke mit einer Zugabe von 2,5 cm aus. Für die Innenauskleidung des Fotokästchens zwei weitere Rechtecke ausschneiden, wobei Sie beim Seitenteil 0,3 cm zugeben und den Umschlag um 0,6 cm verkleinern.
5. Nun kleben Sie die beiden kürzeren Ränder des Seitenteils mit Heißpunktkleber zusammen, achten Sie dabei auf einen rechten Winkel.

6. Das zugeschnittene Geschenkpapier mit Fixogum auf die entsprechenden Zeichen- oder Plakatkartonstücke kleben (s. allg. Arbeitsanleitungen S. 95). Für den Umschlag den Karton entlang der eingeritzten Linien falten (achten Sie auch hier wieder auf rechte Winkel) und kontrollieren, ob das Geschenkpapier auch gut um die Ecken reicht. Das Seitenteil falten Sie so, daß sich die beiden kürzeren Enden in der Mitte der

(hinteren) Längsseite überlappen. Die Ränder des Geschenkpapiers sauber nach hinten umschlagen und auf der Rückseite der Kartonteile festkleben.

7. Von beiden Bändern schneiden Sie jeweils ein 70 cm langes Stück und ein 45 cm langes Stück ab. Kleben Sie die beiden langen Bänder 2,5 cm weit auf die Innenseite des Umschlags, in die Mitte der rechten Längsseite. Die beiden kurzen Bänder kleben Sie auf die linke Längsseite und lassen den Klebstoff anschließend gut trocknen.

8. Beziehen Sie nun die linke Innenseite und die Rückwand des Umschlags mit Geschenkpapier, und streichen Sie das Papier sorgfältig in die Knickstellen.

9. Dann kleben Sie die Rückwand der Seitenteile mit Fixogum in die Mitte des Umschlagstücks; achten Sie dabei auf die Faltstellen. Die unteren Kanten des Seitenteils kleben Sie auf die rechte Innenseite des Umschlagstücks.

10. Das Innere der Schachtel wird mit Geschenkpapier ausgekleidet: Schneiden Sie 0,6 cm lange Streifen in die (untere) Längsseite des bereits zugeschnittenen Seitenteilfutters. Kleben Sie dieses Stück gegen die Innenwände.

11. Legen Sie nun die Einlage auf den Boden des Fotokästchens.

Doppel-Bilderrahmen

MATERIAL

Geschenkpapiere von Künstlern:
Wiener Werkstätte
dicker Zeichenkarton/Graupappe
zwei farblich abgestimmte, fertig zugeschnittene, rechteckige Passepartouts von 20 x 25 cm, mit einem Fenster von je 10 x 15 cm
1,35 m Satinband mit Jacquard-Muster, 1 cm breit, in einer zu den Passepartouts kontrastierenden Farbe
Fixogum
Bleistift, Lineal, Reißschiene
Universalmesser

ANLEITUNG

1. Zeichnen Sie mit Hilfe einer Reißschiene ein 48 x 30 cm großes Rechteck auf Zeichenkarton.
2. Schneiden Sie es mit dem Universalmesser entlang eines Lineals aus.
3. Verstärken Sie das Geschenkpapier (s. allg. Arbeitsanleitungen auf S. 95), und schneiden Sie daraus drei Streifen von je 30 cm Länge und 6,3 cm Breite sowie vier Streifen von 24 x 6,3 cm zu.
4. Legen Sie dann den Zeichenkarton so vor sich, daß die schmaleren Seiten sich links und rechts befinden. Kleben Sie nun die längeren Geschenkpapierstreifen senkrecht auf den Zeichenkarton: einen Streifen links, einen in die Mitte und einen rechts. Die kurzen (24 cm langen) Streifen falten Sie an den Schmalseiten in einem Winkel von 45° nach hinten, so daß Sie Trapeze erhalten. Kleben Sie nun zwei dieser Streifen bündig am oberen Rand des Zeichenkartons auf, so daß die Spitzen der Trapeze nach innen weisen. Die beiden übrigen Streifen kleben Sie genauso am unteren Rand entlang fest. Zum Schluß schneiden Sie evtl. überstehendes Geschenkpapier ab.
5. Mit Fixogum kleben Sie jetzt das Satinband um die Fensteröffnungen der Passepartouts. Arbeiten Sie dabei auf der Rückseite des Passepartouts, so daß das Satinband 0,4 cm tief in die Öffnungen hineinragt. Formen Sie in den Ecken exakte Winkel von 45°.
6. Fixogum nur auf den unteren Rand und die seitlichen Ränder der Passepartoutrükken geben und beide Passepartouts auf den Zeichenkarton kleben. Der Abstand zum Rand und zueinander sollte 2,5 cm betragen.
7. Schieben Sie jetzt von oben ein Foto oder einen Druck unter das Passepartout.
8. Abschließend mit einem Rahmen versehen (s. Foto auf S. 20).

Telefonbuchhülle

MATERIAL

Geschenkpapiere von Künstlern;
einen Bogen
90 cm transparente, selbstklebende Buchfolie
Bleistift, Bandmaß, Lineal
Schere
Fixogum
Telefonbuch

ANLEITUNG (ohne Abbildung)

1. Wählen Sie ein Geschenkpapier, und beziehen Sie möglichst den ganzen Bogen mit Buchfolie (s. allg. Arbeitsanleitungen auf S. 95).
2. Auf der Rückseite des Geschenkpapiers tragen Sie die Maße eines Rechtecks auf: Für die Höhe messen Sie die Höhe des Telefonbuches und geben 5 cm zu; für die Länge berechnen Sie die Breite des vorderen und hinteren Buchdeckels und des Buchrückens und geben 20 cm zu. Nun können Sie das Rechteck ausschneiden.
3. Erst die schmaleren und dann die längeren Seiten des Rechtecks ca. 2,5 cm weit nach hinten klappen (auf die Rückseite des Geschenkpapiers) und mit Fixogum fixieren.
4. Die Schmalseiten weitere 7,5 cm nach hinten umklappen, aber nur an der Ober- und Unterkante festkleben. Nach dem Trocknen des Klebstoffs schieben Sie den vorderen und hinteren Telefonbuchdeckel in diese 7,5 cm breiten Laschen.

Bücher mit Paisley-Umschlag: Notizbuch und »Weinetikettenbuch«

ANMERKUNG

Siehe Foto des »Weinetikettenbuches« auf Seite 78.

MATERIAL

im Handel erhältliche unlinierte, ca. 10,1 x 14,7 oder 11,2 x 15,2 cm große Notizbücher mit Stoff- oder Kunststoffeinband
Geschenkpapiere von Künstlern:
Paisley-Muster
Sprühklarlack
Montagekleber oder Weißleim
Bleistift, Lineal, Schere
Flachpinsel
Kreppband

Für die Schutzecken des Notizbuchs:
schwarzes, strukturiertes Künstlerpapier mit matter Oberfläche
Für das »Weinetikettenbuch«:
kleine Radierung oder Schwarzweißdruck aus einem alten Buch, einer alten Zeitschrift oder Zeitung
wasserfester schwarzer Filzstift

ANLEITUNG

1. Verstärken Sie einen Bogen Geschenkpapier (s. allg. Arbeitsanleitungen auf S. 95).
2. Legen Sie das Notizbuch auf die Rückseite des Geschenkpapiers, und übertragen Sie die Maße. Geben Sie überall 2,5 cm zu, und schneiden Sie das Rechteck aus. Wiederholen Sie diesen Vorgang für die Rückseite des Notizbuches.
3. Dann tragen Sie eine dünne Schicht Montagekleber auf die unbedruckte Seite eines Geschenkpapierrechtecks auf und kleben es auf die Vorderseite des Notizbuchs (Abstand zum Buchrücken ca. 1,2 cm). Schlagen Sie die anderen drei Kanten straff und sauber nach innen um. Genauso bekleben Sie auch den hinteren Buchdeckel.
4. *Schutzecken (wahlweise):* Mit Bleistift und Lineal zeichnen Sie vier Trapezformen auf das schwarze Künstlerpapier (s. Schema). Die Formen ausschneiden und die Oberflächen mit zwei Schichten Montagekleber versiegeln. Anschließend auch die linke Seite der Trapeze mit Montagekleber versehen und auf alle vier Buchecken kleben. Die Mitte der kürzesten Seite sitzt dabei exakt auf der Ecke. Die beiden 5,7 cm langen Trapezseiten nach innen umschlagen und mit etwas Kreppband fixieren. Anschließend das Notizbuch mit einem Lexikon oder einem Telefonbuch beschweren, bis die Klebstellen getrocknet sind.
5. Befestigen Sie dann mit Montagekleber die erste und letzte Buchseite an den Innenseiten der Buchdeckel, um so die Kanten von Geschenkpapier und Schutzecken zu verdecken.
6. *»Weinetikettenbuch«:* Kleben Sie einen alten Druck mit Montagekleber auf den vorderen Buchdeckel. Darunter kleben Sie einen Streifen Papier der gleichen Farbe, auf den Sie mit einem schwarzen Filzstift »Weinetiketten« schreiben. Zum Schluß ziehen Sie einen Rand um den Druck und um das Etikett.

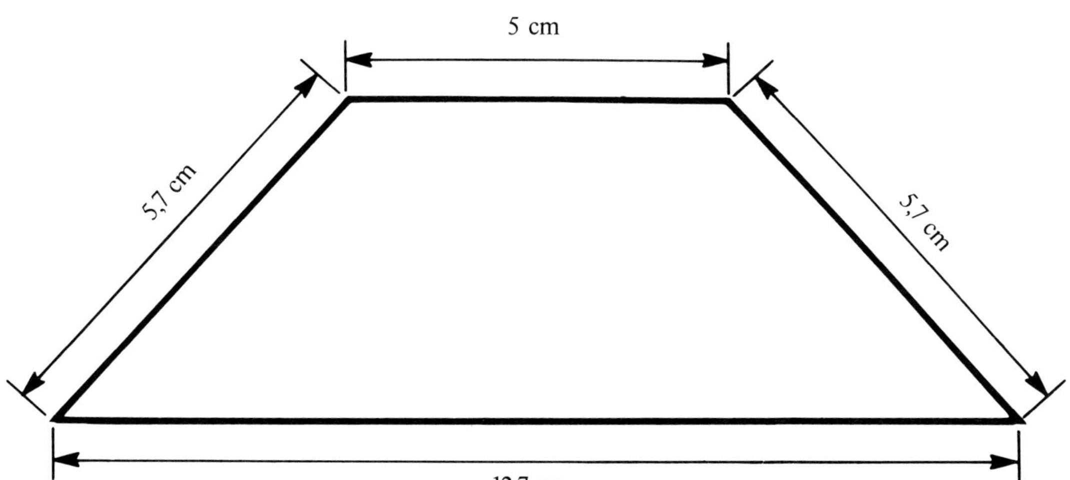

Schema für die Schutzecken des Notizbuchs

ACCESSOIRES FÜR IHRE WOHNUNG

Das Schlafzimmer

Schmuckkästchen
Blumen-»Druck«
Kleine Bilderrahmen
Hutschachteln
Verzierte Stehlampe
Beistelltischchen

Da ich den romantischen viktorianischen Stil sehr schätze, stelle ich hier einige Schlafzimmeraccessoires vor, deren nostalgische Muster an zarte Spitze und dekorative Rosensträuße in geschliffenen Kristallvasen erinnern. Die reizenden Bilderrahmen und das Schmuckkästchen scheinen aus längst vergangenen Zeiten zu stammen und bilden auf meiner Frisierkommode einen hübschen Blickfang. Sie sind leicht herzustellen und dabei überhaupt nicht teuer.

Bei der Gestaltung mit Blumenmotiven brauchen Sie sich natürlich nicht nur auf Bilderrahmen zu beschränken. Entwerfen Sie doch einfach ein Arrangement aus verschieden großen Hutschachteln, die Sie zusammen mit einem Korb getrockneter Blumen auf einem niedrigen Regal oder auf dem Fußboden arrangieren. Vielleicht möchten Sie auch lieber kleine, halbrunde Hutschachteln anfertigen und sie mit Potpourris oder Duftseife füllen; so haben Sie hübsche Geschenke für jede Gelegenheit. Der Blumen-»Druck« erfordert zwar sehr viel Geduld, doch die Mühe lohnt sich: Dieses »Bild« wird eine wundervolle Dekoration für jedes Schlafzimmer sein.

Schmuckkästchen

MATERIAL

Geschenkpapiere von Künstlern:
Englische Blumenmuster
Holzkästchen mit Scharnier, ca. 10 x 15 cm (Grundfläche), in Bastelläden oder Tabakgeschäften erhältlich (bei den abgebildeten Kästchen handelt es sich um Zigarrenkisten der Marke »Ocho Rios Jamaican Cigars« mit einer Grundfläche von 15,2 x 17,1 cm)
Acrylfarben: Hellgrün oder Rosa (für den Hintergrund), Weiß
Montagekleber oder Weißleim
Pattex, Heißpunktkleber
Sprühklarlack
Karton
Satinband in einer zum Hintergrund passenden Farbe:
23 cm Satinband mit Jacquardmuster, 1 cm breit, und 1,50 cm Satinband mit einer feinen Picotkante, das ein wenig breiter sein sollte als die Holzstärke des Schmuckkästchens
Flachpinsel und feiner, spitzer Pinsel
Universalmesser oder kleine, spitze Schere
Graphitpapier und ein spitzer Bleistift

ANLEITUNG

1. Zunächst sämtliche Scharniere und Verschlußteile des Kästchens entfernen.
2. Die Außenflächen mit zwei Lagen Hintergrundfarbe überziehen, die nach jedem Auftrag gründlich trocknen muß.
3. Verstärken sie einen Bogen Geschenkpapier (s. allg. Arbeitsanleitungen auf S. 95).
4. Schneiden Sie als Motiv ein größeres oder zwei kleine Blumenbuketts aus, und zwar entlang der großen, kräftigen Blüten und Blätter. Dünne, fedrige Blätter und Stengel lassen Sie weg, sie können mit Acrylfarbe nachträglich aufgemalt werden.

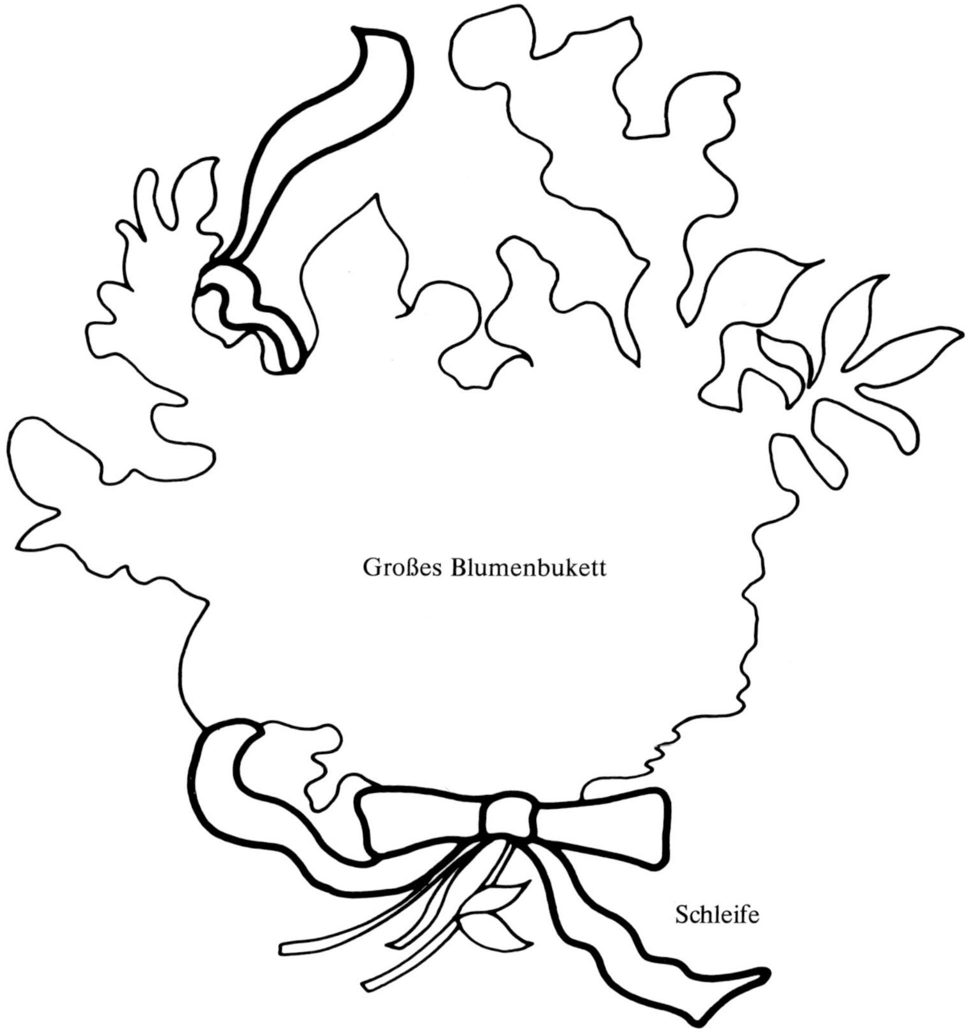

Design für das Schmuckkästchen (Vorlage in Originalgröße)

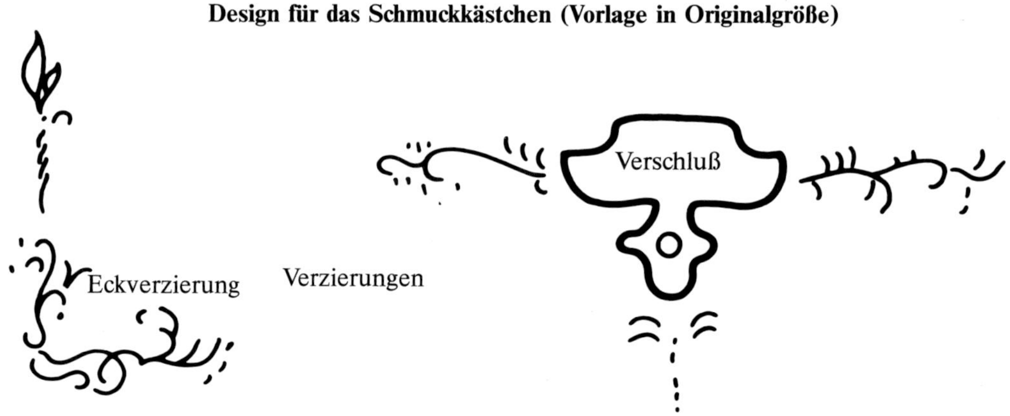

5. Mit Montagekleber oder Weißleim (s. allg. Arbeitsanleitungen) kleben Sie den größeren Blumenstrauß in die Mitte des Deckels oder die beiden kleineren Buketts in die linke untere und rechte obere Ecke, so daß sie über die Seiten des Deckels und des Kästchens hinausragen (s. Foto).

6. Bevor Sie jetzt Ihr persönliches Monogramm auf das Kästchen aufmalen, sollten Sie erst einmal auf einem Blatt Papier mit einem feinen, spitz zulaufenden Pinsel üben: Zeichnen Sie dünne, anmutige Linien, kleine Striche und winzige Pünktchen. Verwenden Sie anschließend Ihr Design und unseren Entwurf als Vorlage für die Schleife und die Verzierungen des großen Buketts. Sie können sie aber auch mit Hilfe von Graphitpapier und einem spitzen Bleistift abpausen. Nun tragen Sie mit weißer Farbe die Verzierungen und Ihr Monogramm auf. Für die Schleife vermischen Sie weiß mit etwas Rosa bzw. Grün, wobei beide Farben noch zu erkennen sein sollten.

7. Besprühen Sie Kästchen und Deckel mit zwei dünnen Lagen Klarlack.

8. Befestigen Sie nun die Scharniere und Verschlußteile wieder.

9. Um den Deckel in einer vertikalen Position zu halten, können Sie ihn jetzt mit Satinbändern am Boden des Kästchens befestigen. Schneiden Sie dazu das gemusterte Satinband in zwei Hälften, und kleben Sie die Enden der Bänder mit Heißpunktkleber seitlich hinten im Deckel und im Kästchen fest.

10. Für das Innenfutter des Kästchens übertragen Sie die Maße des Bodens mit Bleistift und Lineal auf das Geschenkpapier. Anschließend messen Sie die Höhe der Seitenteile, rechnen sie auf allen vier Seiten zum Rechteck dazu und schneiden die gesamte Fläche aus. Danach schneiden Sie das äußere Rechteck an den Ecken diagonal zum inneren Rechteck ein und klappen die Seitenteile entlang der Bleistiftlinien nach oben. Die Innenwände des Schmuckkästchens überziehen Sie mit Montagekleber oder Weißleim und setzen dann das Geschenkpapierfutter in das Kästchen ein. Da sich die Innenauskleidung an den Ecken noch überlappt, schneiden Sie die obere Papierlage mit einem Universalmesser zurecht und fixieren sie dann endgültig mit etwas Klebstoff.

11. Nun wird auch der Deckel – wie zuvor beschrieben – mit Geschenkpapier ausgekleidet.

12. Je nach Wunsch können Sie jetzt die Ränder des Kästchens und des Deckels mit Satinband verzieren; achten Sie dabei auf sauber abschließende Ecken.

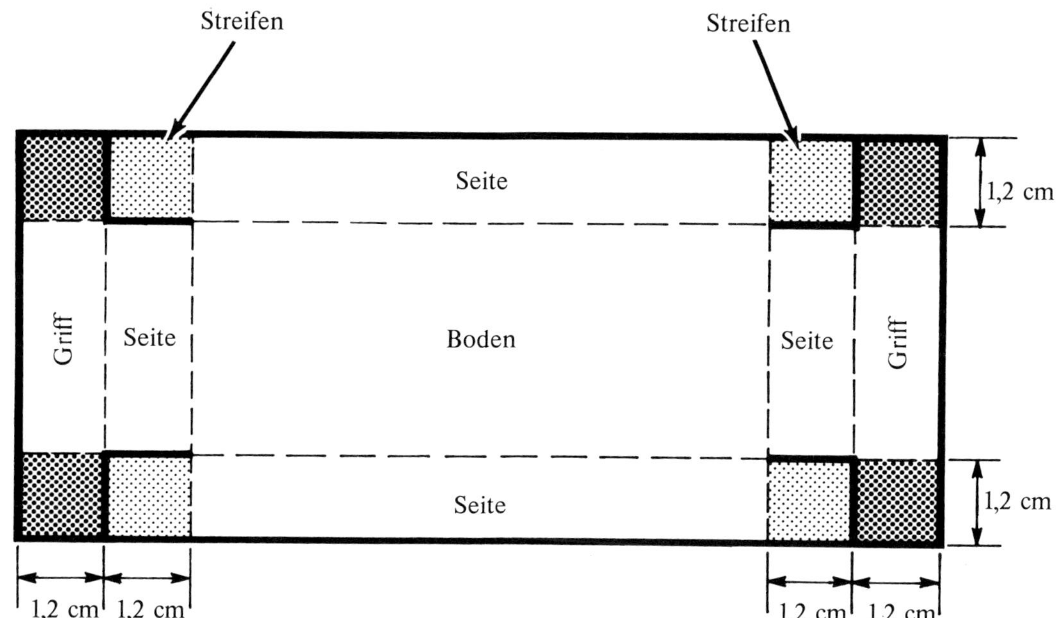

Schema für den Einsatz

13. Für den Einsatz des Kästchens die inneren Bodenmaße auf Karton übertragen, wobei Sie die Breite des Rechtecks um 0,6 cm verkürzen und die Längenmaße auf die Hälfte reduzieren. Dies entspricht dem inneren Rechteck der Schemazeichnung. Nun addieren Sie zu den Längsseiten 1,2 cm hinzu und zu den Schmalseiten erst einmal 1,2 cm und dann noch weitere 1,2 cm (s. Schema). Diese Figur ausschneiden und entlang der gestrichelten Linien einritzen. Anschließend beide Kartonseiten mit verstärktem Geschenkpapier beziehen. Jetzt schneiden Sie aus allen vier Ecken ein 1,2 x 1,2 cm großes Quadrat aus (s. dunkel schattierte Flächen im Schema) und schneiden dann die Seiten so ein, daß jeweils ein 1,2 cm langer Streifen entsteht (im Schema durch die fetten Linien angedeutet). Die Seiten hochklappen und die Streifen (hell schattierte Flächen) an den schmaleren Seitenteilen festkleben. Mit Wäscheklammern fixieren oder mit den Fingern andrücken, bis der Klebstoff getrocknet ist. Danach klappen Sie die Griffe um und hängen den Einsatz in das Kästchen. Die Griffe ruhen dabei auf den Seitenrändern des Schmuckkästchens.

Blumen-»Druck«

MATERIAL

Geschenkpapiere von Künstlern:
Englische Blumenmuster
aus einer Zeitschrift oder einem Katalog ausgeschnittene Vase oder Urne
mattes, königsblaues Künstlerpapier
Bilderrahmen
weißer Farbstift, Pattex
kleine, spitze Schere
Lineal, Zahnstocher

ANLEITUNG

1. Legen Sie die Trägerplatte des Rahmens auf die Rückseite des Künstlerpapiers. Die Maße übertragen und ausschneiden. Anschließend diesen Bilduntergrund - ohne Glas - wieder in den Rahmen einsetzen.
2. Aus einer Zeitschrift oder einem Katalog eine Vase oder Urne ausschneiden und in der Mitte des unteren Hintergrunddrittels plazieren. Planen Sie Ihren Entwurf sorgfältig: Sie benötigen ein Blumenbukett, das 2 bis 2,5 mal so hoch ist wie die Vase und 2,5 bis 3 mal so breit. Darüber hinaus sollte Ihr Blumenarrangement einen genügend großen Abstand zum Rahmen besitzen.
3. Entfernen Sie nun die Vase wieder, und zeichnen Sie mit einem weißen Farbstift und einem Lineal einen »Horizont« - eine waagerechte Linie - auf den Hintergrund, die halb so lang ist wie der Hintergrund breit und später teilweise durch den Boden der Vase verdeckt wird.
4. Mit Hilfe des Zahnstochers tupfen Sie ein wenig Klebstoff auf die Rückseite der ausgeschnittenen Vase auf und kleben sie auf den Hintergrund.
5. Nun schneiden Sie so exakt wie möglich Blütenzweige, Blätter und Stengel aus dem Geschenkpapier aus und kleben die kräftigsten und dichtesten Motive direkt über der Vase auf. Darüber und zu beiden Seiten plazieren Sie dünnere und zierlichere Zweige; einige Blumen können ruhig weit aus der Vase heraushängen. Anschließend kleben Sie einzelne Blüten über den Vasenrand und über andere Blütenzweige in der Mitte des Straußes. So erzielen Sie ein üppiges Blumenbukett. Besonders dekorativ sind auch einzelne Blätter unterhalb der Horizontlinie, die aussehen, als wären sie gerade herabgefallen.
6. Nun können Sie das Bild unter Glas rahmen.

Obere Hälfte des kreisförmigen Rahmens (Vorlage in Originalgröße)

Design des rechteckigen Rahmens (Vorlage in Originalgröße)

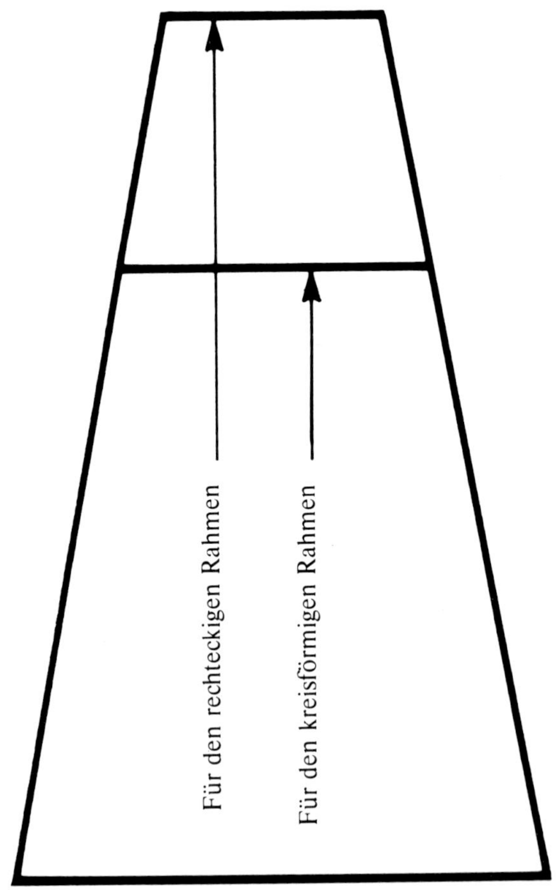

Schema des Ständers (Vorlage in Originalgröße)

Kleine Bilderrahmen

MATERIAL

Geschenkpapiere von Künstlern:
Englische Blumenmuster
in Geschäften erhältliche kleine Holzrahmen: ein kreisförmiger Rahmen von ca. 10 cm Durchmesser; ein rechteckiger Rahmen von ca. 9 x 13 cm
fester Karton oder Buchbinderpappe
kleines Stück Musselin
Aquarellfarbe in Tuben: Blaugrün und Lila oder andere Farben, die zum verwendeten Geschenkpapier passen
Acrylfarbe: Gelbgrün, Ocker, Braun, Blaugrün
Sprühkleber
Fixogum
Heißpunktkleber
transparente Plastikfolie
Montagekleber oder Weißleim
transparente, selbstklebende Buchfolie
Zirkel
Bleistift, Lineal
feiner, spitz zulaufender Pinsel
Universalmesser

ANLEITUNG

1. Wählen Sie ein Geschenkpapier mit einem kleinen Motiv. Das hier verwendete Muster besitzt viele kleine blaue Blüten, die an einem Stengel sitzen. Verstärken Sie das Geschenkpapier (s. allg. Arbeitsanleitungen auf S. 95).

2. Die Motive mit Montagekleber auf dem Rahmen befestigen (s. allg. Arbeitsanleitungen). Für den kreisförmigen Rahmen benötigen Sie sechs Blumenmotive, die Sie gleichmäßig verteilen. Der rechteckige Rahmen erhält in den beiden unteren Ecken einen kleinen Zweig oder ein zierliches Blumenarrangement.

3. Mit den Acrylfarben tragen Sie jetzt kleinere, einfache Linien und Formen auf, um den Hintergrund zu füllen oder den Entwurf abzurunden. Falls Sie sich für ein Blumenmuster entscheiden, können Sie unser Design als Vorlage für Knospen und Blätter verwenden. Für den runden Rahmen malen Sie mit Weiß, Ocker und Braun kleine Blätter zwischen die Blüten und Zweige. Den rechteckigen Rahmen bemalen Sie mit sanft geschwungenen Stengeln in Grün und Braun, die sich um das ovale Fenster ranken. Für die Blätter mischen Sie Gelbgrün und Braun, und für die Blütenknospen verwenden Sie ein Blaugrün. Nach dem Trocknen der Farben können Sie die dünnen Äderchen der Blätter mit einem feinen Pinsel und brauner Acrylfarbe aufmalen.

4. Zum Schluß tragen Sie mehrere Schichten Montagekleber auf, den Sie nach jedem Auftrag trocknen lassen.

5. Passepartout: Legen Sie den Rahmen auf Karton, und übertragen Sie die Maße des Außen- und Innenrandes (Fensteröffnung).

6. Für den rechteckigen Rahmen zeichnen Sie mit Bleistift ein kleineres Rechteck in 0,6 cm Entfernung von der Außenkante. Auch das zweite Oval sollte 0,4 cm kleiner sein als die Rahmenöffnung.

7. Für den kreisförmigen Rahmen zeichnen Sie mit Hilfe eines Zirkels einen kleineren Kreis parallel zum Außenkreis (Abstand 0,6 cm), und einen weiteren innerhalb der Fensteröffnung (Abstand zum Innenkreis ca. 0,4 cm).

8. Mit dem Universalmesser den Karton entlang der Linien, die Sie in den Schritten 6 und 7 angelegt haben, ausschneiden.

9. Jetzt können Sie den Musselin zuschneiden: Geben Sie zu den Maßen des Passepartouts 1,2 cm hinzu. Die Vorderseite des Passepartouts mit Klebstoff besprühen und auf den Stoff legen, den Stoff sorgfältig glattstreichen. Wenn der Sprühkleber getrocknet ist, die Stoffkanten auf der Rückseite des Passepartouts festkleben. In den aufgespannten Stoff einen Kreis oder ein Oval schneiden, das 0,6 cm kleiner ist als das Fenster. Anschließend den Stoffbezug in Abständen von 1,2 cm einschneiden, so daß er sich leicht und ohne Falten um die Fensteröffnung legen und auf der Rückseite festkleben läßt.

10. Dann bemalen Sie den Innenrand und den durch das Fenster sichtbaren Rand des Passepartouts (ca. 1,2 cm) mit Aquarellfarben, die zu den Blumenmustern passen. Hier wurden Blaugrün und Lila verwendet.

11. Die Plastikfolie mit einer Zugabe von 1,2 cm zum Passepartoutfenster zuschneiden und mit Fixogum auf die Rückseite des Passepartouts kleben.

12. Anschließend fertigen Sie eine Rückwand aus Karton. Als Maß verwenden Sie den Außenrand des Wechselrahmens.

13. Für den Ständer die Maße unserer Vorlage auf Karton übertragen oder auf Pauspapier zeichnen und auf Karton kleben.

14. Den Rücken und beide Seiten des Stützfußes zuerst mit Geschenkpapier (s. allg. Arbeitsanleitungen) und anschließend mit transparenter, selbstklebender Buchfolie beziehen.

15. Heften Sie den Ständer am oberen Rand des Rahmenrückens fest.

16. Zum Schluß versiegeln Sie den äußeren Passepartoutrand mit Heißpunktkleber. Lassen Sie jedoch oben eine Öffnung frei, damit Sie später ein Foto hineinschieben können, und drücken Sie den oberen Rand des Rückens noch einmal vorsichtig an den Rahmen.

Halbkreisförmige Hutschachteln

MATERIAL

Geschenkpapiere von Künstlern:
William Morris *(Wählen Sie unterschiedliche Entwürfe für die Außen- und Innenverkleidungen der Schachteln)*
mittelschwerer, weißer Zeichenkarton
Sprühklarlack
Heißpunktkleber
Sprühkleber
Pattex
Bleistift
Lineal
Graphitpapier
Universalmesser

ANLEITUNG

1. Auch wenn ich die Hutschachteln als halbkreisförmig bezeichne, handelt es sich hierbei nicht um wirkliche Hälften eines Kreises. Als Vorlage können Sie unsere Schemazeichnungen (S. 34) verwenden, die Sie mit einer Zwischenlage aus Graphitpapier auf den Zeichenkarton legen. Ziehen Sie die Linien mit einem spitzen Bleistift nach und übertragen so jeden Halbkreis auf Zeichenkarton.

2. Die Vorder- und Rückseiten der Schachteln und der Deckel bestehen jeweils aus einem Stück und werden hier als »Seitenteile« bezeichnet. Zeichnen Sie die folgenden Rechtecke mit Bleistift und Lineal auf Zeichenkarton: Für die *große Hutschachtel* benötigen Sie ein Rechteck von 61,9 x 18,4 cm (Schachtel) und ein Rechteck von 65,4 x 3,8 cm (Deckel); für die *kleinere Hutschachtel* ein 47,6 x 13 cm großes Rechteck (Schachtel), und ein Rechteck von 51,1 x 3,8 cm (Deckel).

3. Schneiden Sie die Teile mit einem Universalmesser aus.

4. Wenn Sie jetzt das Geschenkpapier verstärken (s. allg. Arbeitsanleitungen auf S. 95), sollten Sie beide Papierseiten mit mindestens vier bis fünf Schichten Sprühklarlack versehen.

5. Anschließend das Geschenkpapier mit Hilfe der Vorlagen aus Zeichenkarton zuschneiden: Die Maße aller halbkreisförmigen Schablonen zweimal auf Geschenkpapier (Außen- und Innenverkleidung) übertragen und die Formen 0,1 cm kleiner ausschneiden. Die Maße der Rechtecke ebenfalls auf das Geschenkpapier übertragen und ausschneiden – für die Außenverkleidung der Schachteln rundum 2 cm zugeben, beim Futter an den Längsseiten 0,6 cm abziehen, an den Schmalseiten 0,6 cm addieren.

6. Anschließend ziehen Sie einen Strich über jedes Kartonseitenteil – er verbindet die beiden Längsseiten und liegt parallel zu einer der Schmalseiten. Für die *große Schachtel* beträgt der Abstand zur Seitenkante 22,2 cm, für den Deckel 23,8 cm, für die *kleine Schachtel* 17,4 cm und für den kleinen Deckel 18,4 cm. Dann ritzen Sie diese Linien ein (s. allg. Arbeitsanleitungen auf S. 95).

7. Jetzt können Sie die Schachtel zusammensetzen: Mit Heißpunktkleber verbinden Sie die gerade Kante des Halbkreises mit der Kante des (entsprechenden) Seitenteils, die zwischen der geritzten Linie und der Schmalseite liegt, von der aus Sie den Abstand gemessen haben. Halten Sie die Verbindung einige Sekunden lang fest, damit der Klebstoff antrocknen kann. Dann verteilen Sie den Heißpunktkleber auch entlang der Halbkreisrundung und kleben den anderen, längeren Teil der Seiten daran fest. Möglicherweise müssen Sie die Ränder noch ein wenig beischneiden, so daß Sie eine glatte Stoßkante erhalten, die Sie mit Heißpunktkleber verbinden können.

8. Nun setzen Sie auch den Deckel entsprechend zusammen.

9. Dann beziehen Sie die Schachtel mit Geschenkpapier: Zunächst das Schachtelseitenteil mit Geschenkpapier bekleben, wobei die Schmalseiten des Papiers sich an einer Ecke überlappen. Die obere Kante nach innen umklappen, dabei das Papier an den Seiten einschneiden, damit es glatt anliegt. Die gegenüberliegende Seite nach unten umschlagen und den überstehenden Rand mehrmals einschneiden, so daß Sie das Geschenkpapier leicht und faltenlos um die Ecken kleben können. Danach kleben Sie den Halbkreis auf den Schachtelboden.

10. Für das Innenfutter der Schachtel 0,3 cm tiefe Streifen in eine Längsseite des Seitenteilfutters schneiden und es so in die Schachtel kleben, daß sich die beiden kürzeren Kanten in einer Ecke überlappen und die Papierstreifen den Boden bedecken. Darüber kleben Sie dann das halbkreisförmige Innenfutter.

11. Auf die gleiche Weise versehen Sie den Deckel mit einer Außen- und Innenverkleidung.

12. Anschließend besprühen Sie die Hutschachtel und den Deckel mit je zwei dünnen Schichten Sprühklarlack, der nach jedem Auftrag gut trocknen sollte.

Runde Hutschachtel

MATERIAL

Geschenkpapiere von Künstlern:
William Morris *(Wählen Sie unterschiedliche Entwürfe für die Außen- und Innenverkleidung der Schachtel)*
runde Hutschachtel mit Deckel (Sie können entweder die Anleitung für die halbkreisförmige Hutschachtel abwandeln oder eine Schachtel in einem Bastelgeschäft oder Secondhandshop kaufen)
gedrehte Seidenkordel (Länge = 3 x Umfang des Deckels)
Sprühklarlack
Sprühkleber
Heißpunktkleber
Schere

ANLEITUNG

1. Verstärken Sie das Geschenkpapier (s. allg. Arbeitsanleitungen auf S. 95).
2. Die Schachtel und den Deckel auf die Rückseite des Papiers legen, die Maße übertragen und das Papier zuschneiden. Für den Rand des Deckels schneiden Sie zusätzlich einen Streifen Papier aus, der 1,2 cm breiter ist, als der Deckel hoch ist, und 2,5 cm länger ist als der Deckelumfang. Das Papier für die

Schemas für halbkreisförmige Hutschachteln

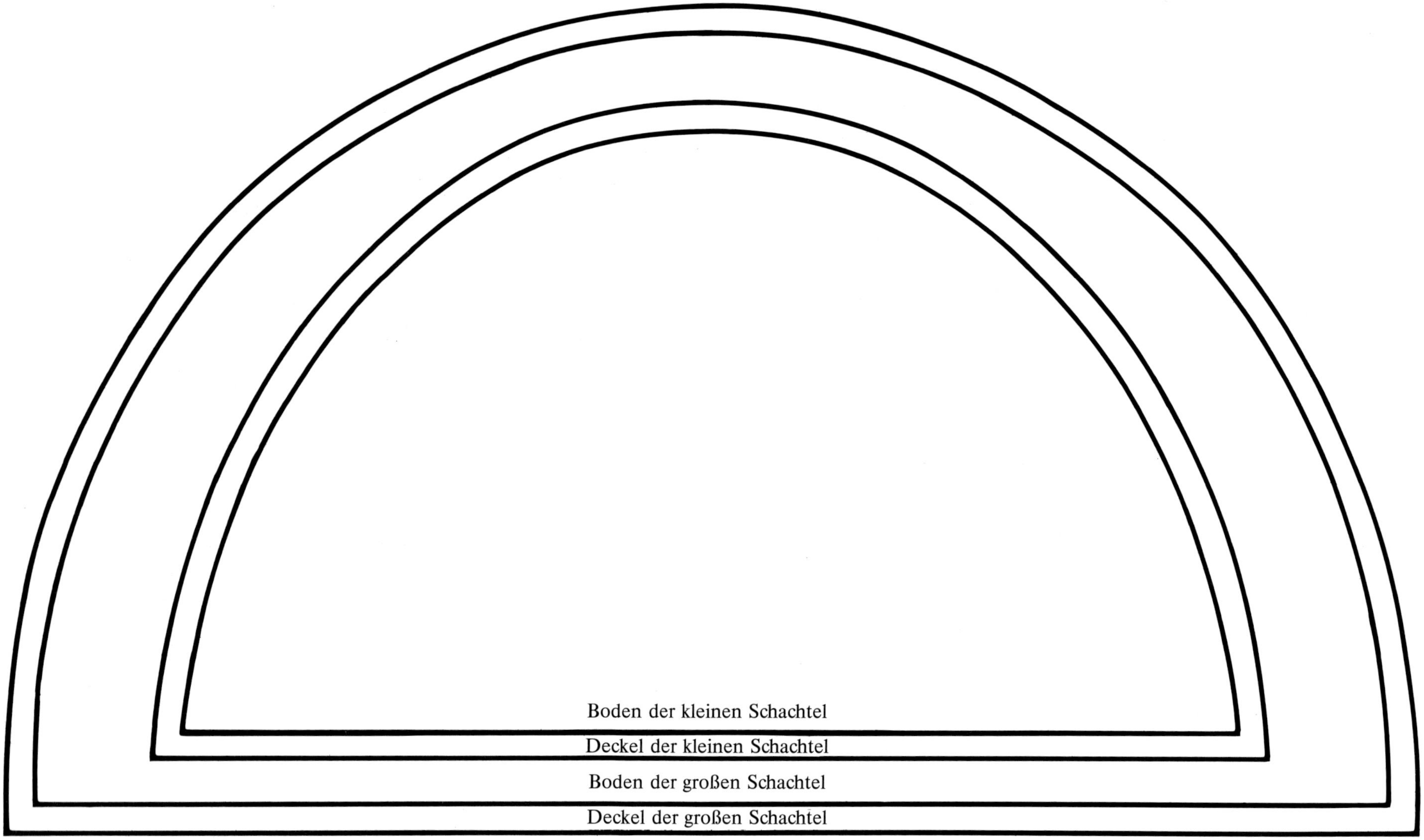

Seiten der Schachtel wird genauso berechnet und zugeschnitten.

3. Falls Sie die Hutschachtel auch von innen mit Geschenkpapier auskleiden wollen, schneiden Sie jetzt die in Schritt 2 beschriebenen Papierstreifen ein zweites Mal aus.

4. Jetzt beziehen Sie die Hutschachtel mit Geschenkpapier (s. allg. Arbeitsanleitungen auf S. 95): Zunächst verkleiden Sie die Außenseiten. Kleben Sie den schmalen Streifen um den Deckelrand (die kurzen Enden überlappen einander, und das überstehende Papier wird nach innen umgeklappt) und den Papierkreis auf den Deckel. Danach kleben Sie den großen Papierstreifen so um die Schachtel, daß unten und oben ein jeweils 0,6 cm breiter Papierrand übersteht. Diesen Rand schneiden Sie nun in Abständen von 1,2 cm ein und kleben die so entstandenen Streifen im Schachtelinneren auf dem Schachtelboden fest. Darüber kleben Sie den passend zugeschnittenen Geschenkpapierkreis.

5. Wahlweise: Nun können Sie die Hutschachtel auskleiden. Kleben Sie den zweiten Geschenkpapierstreifen (s. Schritt 3) auf den Innenrand des Deckels (Abstand zum Deckelrand 0,3 cm), und schneiden Sie das überstehende Papier in Streifen, die Sie auf dem Innenboden des Deckels festkleben. Darüber befestigen Sie den zweiten Deckelkreis. Auf die gleiche Weise füttern Sie auch die Schachtel.

6. Anschließend besprühen Sie die Hutschachtel und den Deckel mit je zwei dünnen Schichten Sprühklarlack, der nach jedem Auftrag gut trocknen sollte.

7. Zum Schluß kleben Sie die Seidenkordel mit Heißpunktkleber um den oberen und unteren Rand des Deckels sowie um den Boden der Schachtel. Die Enden der Kordel kleben Sie stumpf gegeneinander.

Verzierte Stehlampe

MATERIAL

Geschenkpapiere von Künstlern:
Englische Blumenmuster
Stehlampe
Montagekleber oder Weißleim
Schere, Universalmesser
Flachpinsel
Acrylfarbe

ANLEITUNG

1. Wählen Sie ein Geschenkpapier mit einem kleinen Motiv, und verstärken Sie es (s. allg. Arbeitsanleitungen auf S. 95).
2. Nun schneiden Sie mehrere kleine Zweige oder Motive aus und kleben sie auf den Lampenschirm und um den Lampenfuß (s. allg. Arbeitsanleitungen).
3. Verbinden Sie anschließend die einzelnen Motive mit einigen Details, z. B. Blättern und Stengeln, die Sie mit Acrylfarbe auftragen und gut trocknen lassen.

Beistelltischchen

MATERIAL

Geschenkpapiere von Künstlern:
William Morris *(je nach Größe des Tischs benötigen Sie mehrere Bögen eines Motivs. Allerdings können Sie auch verschiedene Bögen aus einem Geschenkpapierbuch miteinander kombinieren – s. Vorschläge unten)*
kleiner Holz- oder Kunststofftisch mit einfachen, klaren Formen
Montagekleber oder Weißleim
Klarlack oder Firnislack
Flachpinsel
feines Schleifpapier (wahlweise)

ANLEITUNG

1. Verstärken Sie ein Geschenkpapier (s. allg. Arbeitsanleitungen auf S. 95).
2. Wenn Sie ein Design aus verschiedenen Mustern entwickeln, benötigen Sie nur ein Geschenkpapierbuch und können so Geld sparen. Entwerfen Sie mit Streifen und Rechtecken ein Arrangement aus konzentrischen Quadraten und anderen Figuren, oder wählen Sie ein willkürliches Muster. Schneiden Sie die Papierbögen so zu, daß sie ein wenig größer sind als die Tischplatte, der Schurz und die Tischbeine.
3. Nun kleben Sie die Geschenkpapierbögen auf den Tisch (s. allg. Arbeitsanleitungen) und klappen die überstehenden Kanten um die Unterseite. Auf keinen Fall sollten Sie die Bögen einfach nur einschlagen; falls Sie sie nicht nach unten klappen können, schneiden Sie den Papierüberschuß besser ab.
4. Zum Schluß tragen Sie mindestens zwei Schichten Klarlack auf. Ein optimales Ergebnis erzielen Sie, wenn Sie den Tisch mit vier bis fünf Schichten Klarlack überziehen und den Lack vor jedem neuen Auftrag mit Schleifpapier leicht anrauhen.

OUR
GUESTS

ACCESSOIRES FÜR IHRE WOHNUNG

Das Wohnzimmer

Gästealbum
Untersetzer
Verzierter Tisch, Polsterbank,
Wanduhr und Wandfries
Fransenteppich
Faltlampenschirm
Wiesenkaninchen
Dreidimensionales Kunstwerk
Origami-Fisch

Mit einem dekorativen Wandfries können Sie ein Wohnzimmer auf einfache, aber wirkungsvolle Weise verschönern: dazu eignen sich Motive aus fast allen Geschenkpapierbüchern. Man kann sie entweder unterhalb der Decke auf die Wand kleben oder Fensterbögen und Türrahmen damit verzieren, ein Kaminsims optisch hervorheben oder einfach die Stege eines Stuhls damit dekorieren. Für mein Wohnzimmer wählte ich verschiedene Möbelstücke in neutralen Farben. Ich nahm einen bernsteinfarbenen Tisch, einen Stuhl mit Sprossenlehne und eine Wanduhr und kombinierte alles miteinander, indem ich den Tisch mit kleinen Zaunkönigen und die Wand mit einem Fries aus Schwertlilien versah und das Innere der Wanduhr mit dem Design »Weidenzweige« von William Morris auskleidete. Das Ganze wird von einem Fransenteppich und einem Korb mit Schleierkraut abgerundet.

Wie häufig stoßen wir auf hübsche Gegenstände, die uns ganz einfach so faszinieren, wie sie sind? Auf diese Weise kam mir die Idee zu einem Wiesenkaninchen: eine *trompe l'œil*-Wiese auf einem Pappmaché-Kaninchen – eine zauberhafte Kombination!

Das dreidimensionale Kunstwerk bot mir die Gelegenheit, etwas völlig Neues auszuprobieren, nämlich eine freistehende Figur aus Geschenkpapier zu entwickeln. Ich muß allerdings gestehen, daß mir dabei Experten zur Seite standen. Nachdem ich die Skulptur »Ozean« entworfen hatte, fragte ich meinen Sohn Rodney und Catherine Palmer, eine Freundin meiner Tochter Genevieve, nach Ideen für ein Accessoire, das vom Entwurf her zu meinem Kunstwerk passen könnte. Ihr gemeinsamer Vorschlag war der Origami-Fisch.

Titel der Alben
(Vorlage in Originalgröße)

UNSERE
GÄSTE

Unsere
Hochzeit

Gästealbum und Hochzeitsalbum

ANMERKUNG

S. Foto des Hochzeitsalbums auf Seite 74

MATERIAL

Geschenkpapiere von Künstlern:
William Morris *und*
Englische Blumenmuster
unlinierte Kladde mit Kartonumschlag
(Gästealbum - ca. 25,5 x 20,5 cm) bzw.
ein unliniertes Buch mit Stoffeinband
(Hochzeitsalbum - ca. 35,5 x 25,5 cm)
Flintpapier
transparente Plastikfolie
grob geripptes Seidenband
Aquarellfarbe in Tuben: Weiß; Farbe, die zum Hintergrund paßt; Rosa (wahlweise); Grün (wahlweise)
weiße Letraset-Buchstaben, 1,5 cm hoch
Sprühkleber
Fixogum
Pauspapier
Graphitpapier
Bleistift, Lineal, Universalmesser
feiner, spitzer Pinsel

ALBUM MIT KARTONEINBAND

1. Verstärken Sie ein Geschenkpapier (s. allg. Arbeitsanleitungen auf S. 95) für die Innenseiten der Buchdeckel und die Vorsatzblätter (das erste und letzte Blatt des Buches).
2. Klappen Sie das Buch auf, legen Sie es mit dem Einband nach oben auf das Geschenkpapier, und übertragen Sie die Maße mit Bleistift und Lineal. Markieren Sie die Punkte, an denen der Buchrücken ansetzt; entfernen Sie das Buch und verbinden Sie die markierten Punkte. Die eine

Hälfte (für die Innenseite des vorderen Buchdeckels) schneiden Sie nun mit einer Zugabe von 1,2 cm aus; die andere Hälfte (Vorsatzblatt) schneiden Sie entlang der aufgezeichneten Linie aus. Wiederholen Sie diesen Vorgang für die Innenseite des hinteren Buchdeckels und das hintere Vorsatzblatt.

3. Kleben Sie die eine Hälfte des Geschenkpapiers auf die Innenseite des vorderen Buchdeckels (s. allg. Arbeitsanleitungen), und schlagen Sie die überstehenden Ränder nach außen um; die andere Hälfte des Geschenkpapiers (Vorsatzblatt) kleben Sie dagegen *nicht* fest. Anschließend wiederholen Sie diese Arbeitsschritte für die Rückseite des Buches.

4. Danach schneiden Sie zwei Streifen Seidenband ab, die jeweils 5 cm länger sind, als das Buch breit ist. Ein Seidenband kleben Sie am inneren Rand des vorderen Buchdeckels fest, das andere Band kleben Sie genau gegenüber auf die Innenseite des hinteren Buchdeckels. Die Enden der Bänder schneiden Sie schräg ab.

5. Jetzt trennen Sie den Einband vom Geschenkpapierbuch ab.

6. Den Einband auf Ihre Arbeitsfläche legen und mit einem Universalmesser die Bereiche ausschneiden, die den Titel, den Werbetext und die ISB-Nummer enthalten. Blumenformen oder andere Teile des Musters, die in diese Bereiche hineinragen, lassen Sie stehen, so daß Sie »Fenster« erhalten, in die das Design hineinspielt.

7. Anschließend schlagen Sie den Einband um das Album. Achten Sie darauf, daß die beiden Buchrücken genau übereinander liegen und daß sich das Fenster auf der Vorderseite an der gewünschten Stelle befindet. Dann klappen Sie das Album auf, übertragen seine Maße auf den Geschenkpapiereinband, entfernen das Album und schneiden das Rechteck aus.

8. Nun schneiden Sie auch das Flintpapier und die Plastikfolie zu; sie sollten ca. 2,5 cm größer sein als das Fenster des Einbands. Danach legen Sie das Flintpapier unter das Fenster und übertragen einen der hier gezeigten Titel mit Hilfe von Graphitpapier auf das Papier. Anschließend die Buchstaben mit weißer Farbe und einem feinen Pinsel ausmalen.

9. Wenn Sie Ihr Album mit einem anderen Titel ausstatten möchten, steht Ihnen eine riesige Auswahl von Letraset-Buchstaben zur Verfügung.

10. Versehen Sie den Rand der Fensteröffnung mit Fixogum, und kleben Sie das Fenster mit der zugeschnittenen Plastikfolie zu. Dahinter wiederum kleben Sie das beschriftete Flintpapier. Achten Sie darauf, daß der Schriftzug genau in der Mitte des Fensters sitzt.

11. Die Fenster auf der Rückseite versehen Sie ebenfalls mit Plastikfolie und unbeschriftetem Flintpapier.

12. Nun kleben Sie den Einband um das Buch.

13. Wenn Sie möchten, können Sie auch die Titelseite des Albums verschönern: Aus Geschenkpapier schneiden Sie ein Motiv, das Sie auf die linke Hälfte des ersten Blattes im Buch kleben. Setzen Sie den Titel in die Mitte der Seite, und umschließen Sie ihn und das Motiv mit aufgemalten Umrandungsklammern.

ALBUM MIT FESTEM EINBAND

1. Wählen Sie eine Farbe, die mit dem gewünschten Geschenkpapiereinband harmoniert, oder mischen Sie sich aus Aquarellfarben den passenden Farbton. Dann bemalen Sie die Kanten und den Buchrükken des Albums mit einem flachen Pinsel und lassen anschließend die Farbe trocknen.

2. Verstärken Sie ein Geschenkpapier (s. allg. Arbeitsanleitungen auf S. 95) für die Innenseiten der Buchdeckel und die Vorsatzblätter (erstes und letztes Blatt).

3. Anschließend legen Sie einen doppelt gefalteten Geschenkpapierbogen zwischen den Buchdeckel und die erste Seite und übertragen die Maße auf das Geschenkpapier. Nehmen Sie das Papier nun heraus, und schneiden Sie es entlang der markierten Linien aus; dann klappen Sie den Bogen auseinander. Mit Hilfe dieser Schablone schneiden Sie aus dem gleichen Geschenkpapier ein zweites, identisches Stück zu. Jetzt kleben Sie das erste Papier auf die Innenseite des vorderen Buchdeckels und das Vorsatzblatt (s. allg. Arbeitsanleitungen) und den zweiten Papierbogen auf die Innenseite des hinteren Buchdeckels und das hintere Vorsatzblatt.

4. Trennen Sie den Einband vom Geschenkpapierbuch ab.

5. Nun schneiden Sie die Fenster aus dem Einband aus (s. o. Schritt 6).

6. Den Geschenkpapiereinband auf das Album legen; die Position des Fensters festlegen. Wenn Sie nun das Album und den Einband umdrehen, können Sie die Maße des Albums auf die Einbandrückseite übertragen und diese entlang der markierten Linien ausschneiden. Verwenden Sie dazu ein Universalmesser und ein Lineal, und schneiden Sie von der Innenkante des Einbandes weitere 1,2 cm ab. Wiederholen Sie diesen Schritt für die Rückseite.

7. Übernehmen Sie die Schritte 4, 8, 9, 10 und 11 der Anleitung für das kartonierte Album.

8. Zum Schluß kleben Sie die Geschenkpapier-Einbanddeckel auf die Vorder- und Rückseite des Albums. Achten Sie darauf, daß sämtliche Kanten (oben, außen und unten) übereinstimmen und der Buchrükken frei bleibt.

9. (Wahlweise) Wiederholen Sie Schritt 13 der Anleitung oben.

Untersetzer

MATERIAL

Geschenkpapiere von Künstlern:
Englische Blumenmuster
dicker Zeichenkarton
Acrylfarbe: Hellblau, Weiß, Rot, Smaragdgrün
Aquarellfarbe: Ocker, Limonengrün, Braun
selbstklebendes Goldfolienband, 0,3 cm breit (in Geschäften für Künstlerbedarf erhältlich)
Montagekleber oder Weißleim
Bleistift
Lineal
Universalmesser
Flachpinsel
feiner, spitzer Pinsel

ANLEITUNG

1. Zunächst zeichnen Sie mit Bleistift und Lineal ein 12 cm großes Quadrat auf den Zeichenkarton und schneiden es mit Hilfe eines Universalmessers und eines Lineals aus. Die runden Ecken erzielen Sie mit einer Münze, die Sie auf die Ecken legen und mit Bleistift umranden. Anschließend schneiden Sie das Quadrat entlang der markierten Linien aus.
2. Verstärken Sie einen Geschenkpapierbogen (s. allg. Arbeitsanleitungen auf S. 95).
3. Bemalen Sie eine Seite und die Ränder des Untersetzers mit hellblauer Farbe.
4. Den Untersetzer auf die Rückseite des Geschenkpapiers legen, die Maße übertragen und ausschneiden. Anschließend das Papier mit Montagekleber auf die Rückseite des Untersetzers kleben.
5. Nun können Sie die Vorderseite des Untersetzers bemalen: Mit einem fast trokkenen Pinsel und mit den Fingern wischen Sie weiße Farbe über den hellblauen Hintergrund, so daß feine, dünne Wolkenfetzen entstehen.
6. Verwenden Sie das Foto als Vorlage, und bemalen Sie den Untersetzer nach eigenen Ideen mit Farnwedeln, Stengeln, Blättern und Ranken. Als Farben eignen sich Ocker, Limonengrün und Braun (Aquarellfarben), die Sie jedoch nur leicht miteinander mischen sollten. Bemalen Sie hauptsächlich die untere Hälfte des Untersetzers, wobei einige Blätter und Stengel ruhig in den oberen Teil hineinragen dürfen.
7. Für die Vögel auf der oberen Untersetzerhälfte zeichnen Sie mit smaragdgrüner Farbe und einem feinen, fast trockenen Pinsel einige breitgezogene V-Formen.
8. Anschließend kleine Blüten, Zweige und Vögel aus Geschenkpapier ausschneiden und über das aufgemalte Blattwerk kleben (s. Foto).
9. Die aufgeklebten Blumen umgeben Sie nun mit einer Mischung aus einem Spritzer roter Farbe mit Weiß.
10. Danach beide Seiten des Untersetzers mit Goldfolienband verzieren, das Sie 0,6 cm vom Rand entfernt aufkleben. Achten Sie dabei auf saubere Eckverbindungen.
11. Zum Schluß erst die Vorderseite des Untersetzers und danach die Rückseite mit mindestens drei Schichten Montagekleber überziehen. Die einzelnen Schichten nach jedem Auftrag gut trocknen lassen.

PHOTO
ALBUM

Verzierter Tisch, Polsterbank, Wanduhr und Wandfries

ANMERKUNG:

Zunächst müssen Sie unbehandelte Möbel mit Klarlack versiegeln (s. Schritt 3 unten).

MATERIAL

Geschenkpapiere von Künstlern:
William Morris *und*
Englische Blumenmuster
Montagekleber oder Weißleim
Klarlack, Firnislack oder Sprühklarlack
(wahlweise) Emaillefarbe: helles Olivgrün, dunkles Olivgrün
kleine, spitze Schere
Flachpinsel
feiner, spitzer Pinsel

ANLEITUNG

1. Wählen Sie ein Geschenkpapier mit einem kleinen, sich wiederholenden Muster und verstärken Sie es (s. allg. Arbeitsanleitungen auf S. 95).
2. Schneiden Sie mehrere kleine Motive aus, und kleben Sie sie mit Montagekleber auf die Wanduhr, die Möbel und auf die Wand selbst. (Bei einem Wandfries sollten Sie die Motive probeweise erst auf ein Stück Tapete kleben und nicht direkt auf die Wand.)
3. Anschließend mindestens drei Schichten Klarlack auf die Möbel auftragen. Wandfries mit Sprühklarlack besprühen.
4. Sie können das Design auch mit einer Farbe erweitern, die zu den Blättern und den Stengeln des Geschenkpapiers paßt. Ich habe zum Beispiel die Armlehnen der Polsterbank zusätzlich mit Blättern bemalt (s. Foto auf S. 9). Vielleicht möchten Sie Ihre Möbel mit größeren Blättern und längeren Stengeln oder Ranken versehen, die einzelne Motive miteinander verbinden. Sie könnten aber auch eine gerade oder wellenförmige Linie in einer passenden oder kontrastierenden Farbe über und unter einer Reihe von Motiven anbringen.
5. Als Uhr schlage ich eine Wanduhr mit Pendel vor, deren Inneres Sie mit Geschenkpapier auskleiden können (s. allg. Arbeitsanleitungen).

Fransenteppich

ANMERKUNG

Dieser Teppich erfordert Erfahrung im Umgang mit Papier und Stoff, außerdem ist er nicht sehr strapazierfähig.

MATERIAL

Geschenkpapiere von Künstlern:
William Morris
(Anmerkung: *Für diesen Fransenteppich benötigen Sie drei identische Geschenkpapierbögen. Allerdings können Sie auch verschiedene Muster aus einem Geschenkpapierbuch miteinander kombinieren, s. Vorschläge unten)*
grundierte Künstlerleinwand, 68,5 x 137 cm oder jede andere gewünschte Größe
1,50 m Fransenbesatz aus Baumwolle
Sprühklarlack
Montagekleber oder Weißleim
Klarlack oder Firnislack
Heißpunktkleber
Flachpinsel
Universalmesser, Schere

ANLEITUNG

1. Wählen Sie ein Geschenkpapier. Um nicht mehrere identische Bücher kaufen zu müssen, können Sie auch verschiedene Geschenkpapiere miteinander kombinieren und eine Collage entwerfen. Verstärken Sie die Geschenkpapierbögen (s. allg. Arbeitsanleitungen auf S. 95).
2. Die Leinwand auf eine große Arbeitsfläche legen und glattstreichen. Anschließend planen Sie die genaue Plazierung der Geschenkpapierbögen, wobei die einzelnen Papiere sich überlappen oder eine Stoßkante bilden können. Für die Collage schneiden Sie die verschiedenen Bögen in Streifen und Rechtecke und arrangieren sie zu einem einfachen Streifenmuster, zu einem Entwurf aus konzentrischen Rechtecken oder einem großen Schachbrettmuster.
3. Nun kleben Sie die Bögen nacheinander auf: Dazu bestreichen Sie die Rückseite des Papiers zügig mit Montagekleber und kleben es direkt auf die Leinwand. Wenn Sie die Bögen anpressen und glattstreichen, sollten Sie darauf achten, daß das Papier sich nicht dehnt oder reißt. Lassen Sie den Klebstoff vollständig trocknen.
4. Korrigieren Sie anschließend die Kanten mit einem Universalmesser und einem Lineal, und überziehen Sie die obere Seite des Teppichs mit mindestens zwei Schichten Klarlack oder Firnislack, die Sie nach jedem Auftrag gut trocknen lassen sollten.
5. Zum Schluß kleben Sie die Fransen mit Heißpunktkleber an die Schmalseiten des Teppichs.

Faltlampenschirm

ANMERKUNG

Dieser Lampenschirm erfordert Erfahrung im Umgang mit Papier und Stoff.

MATERIAL

Geschenkpapiere von Künstlern:
William Morris
weißer oder leicht getönter Lampenschirm (in Beleuchtungsgeschäften erhältlich)
35 cm weißes, mittelschweres Leinen
Montagekleber oder Weißleim
Bleistift, Lineal
Schere, Universalmesser
Heißpunktkleber

ANLEITUNG

1. Verstärken Sie einen Bogen Geschenkpapier (s. allg. Arbeitsanleitungen auf S. 95).
2. Messen Sie Höhe und Umfang des Lampenschirms.
3. Zeichnen Sie anschließend auf der Rückseite des Papiers ein Rechteck auf, dessen Höhe mit der Höhe des Lampenschirms übereinstimmt und das dreimal so breit ist wie der Umfang des Schirms. Mit einer Zugabe von 2,5 cm schneiden Sie dieses Rechteck aus.
4. Danach legen Sie das Papier auf den Stoff und schneiden ihn zu.
5. Bestreichen Sie die Papierrückseite dünn und gleichmäßig mit Montagekleber, und kleben Sie das Geschenkpapier glatt auf den Stoff. Es ist nicht weiter schlimm, wenn die einzelnen Kanten nicht exakt übereinstimmen.
6. Nach dem Trocknen das Papier-Leinenrechteck mit dem Universalmesser um 2,5 cm beschneiden.
7. Auf der Leinenseite mit Bleistift und Lineal Linien in einem Abstand von 2,5 cm aufzeichnen und anschließend das Rechteck entlang der Linien falten, so daß Sie »Akkordeon«-Falten erhalten, die Sie mit den Fingern fest zusammendrücken.
8. Heißpunktkleber auf die Innenseite einer Falte geben und dann alle Falten sukzessive am unteren Rand des Lampenschirms festkleben. Überzählige Falten abschneiden, wenn der Schirm vollständig bedeckt ist, und die beiden Endkanten sauber übereinanderkleben.

Wiesenkaninchen

MATERIAL

Geschenkpapiere von Künstlern:
Englische Blumenmuster
Pappmaché-Figur (erhältlich in Geschäften für Künstlerbedarf oder selbsthergestellt)
Acrylfarbe: Hellblau, Weiß
Aquarellfarbe: Gelbgrün, Ocker, Braun, Rosenrot, Weiß, Smaragdgrün, Limonengrün (evtl. mischen), Türkis
Montagekleber oder Weißleim
Sprühklarlack
Flachpinsel, feiner, spitzer Pinsel
50 cm meergrünes, grob geripptes Seidenband mit Picotkante, 1 cm breit
kleine Trocken- oder Seidenblumen

ANLEITUNG

1. Zunächst überziehen Sie die gesamte Oberfläche der Pappmaché-Figur mit zwei dünnen Schichten hellblauer Acrylfarbe.
2. Anschließend bemalen Sie das Kaninchen – ohne den Sockel – mit duftigen Wolkenfetzen; dazu tragen Sie mit einem fast trockenen Pinsel weiße Acrylfarbe auf, die Sie mit den Fingern verwischen.
3. Grashalme, Stengel und Ranken auf den unteren Bereich des Kaninchens malen – aber nicht auf den Sockel. Verwenden Sie hierbei einen feinen Pinsel und unterschiedliche Mengen Ocker, Limonengrün und Braun, und verdünnen Sie die Farben mit Wasser, damit sie leicht und transparent wirken. Die Grashalme sollten Sie nur im Bereich der Pfoten auftragen; dagegen reichen die Stengel bis über die Läufe. Die Ranken winden sich bis zu den Keulen hoch. Nacken und Löffel umgeben Sie mit limonengrünen Blättern und Stengeln und malen die Augen als waagerecht liegende Blätter.
4. Den Sockel mit verdünntem Ocker und Smaragdgrün betupfen, wobei die darunter liegende hellblaue Farbe ruhig durchschimmern darf.
5. Verstärken Sie ein Geschenkpapier mit einem kleinen Blumenmotiv (s. allg. Arbeitsanleitung auf S. 95).
6. Aus dem Geschenkpapier schneiden Sie jetzt kleine, kräftige Blüten aus, die Sie auf die gemalten Stengel kleben.
7. Danach schneiden Sie mehrere große Blätter aus dem Geschenkpapier aus und kleben sie oben auf die abgeflachten Seiten des Sockels.
8. Rosa mit Weiß mischen und damit kleine Kreise auf den »Boden« der Kaninchenfigur tupfen (nicht auf den Sockel). Sie sollen winzige, rosafarbene Blüten darstellen.
9. Weitgeöffnete braune und türkisfarbene V-Formen auf dem Körper des Kaninchens deuten anmutig gleitende Vögel an.
10. Danach die Figur mit mehreren Schichten Klarlack besprühen.
11. Abschließend binden Sie dem Kaninchen ein Seidenband um den Hals und kleben eine Blume auf den Knoten.

Dreidimensionales Kunstwerk

MATERIAL

Geschenkpapiere von Künstlern:
Wiener Werkstätte
fester Karton
Sprühkleber
Bleistift, Lineal
Universalmesser, Schere

ANLEITUNG

1. Wählen Sie zwei unterschiedliche, aber zueinander passende Geschenkpapiere – je abstrakter die Muster, desto besser –, und verstärken Sie die Bögen (s. allg. Arbeitsanleitungen auf S. 95).
2. Schneiden Sie ein 25,5 x 43 cm großes Rechteck aus, das den Vordergrund bildet, und folgen Sie dem Geschenkpapiermuster entlang einer Längsseite mit der Schere, so daß eine zackige und unregelmäßige Kontur entsteht (s. Foto auf S. 45).
3. Das ausgeschnittene Geschenkpapier legen Sie anschließend auf den Karton, übertragen die Kontur und schneiden den Karton mit Hilfe von Universalmesser und Lineal zu.
4. Dann kleben Sie das Geschenkpapier auf den Karton (s. allg. Arbeitsanleitungen).
5. Den Hintergrund bildet ein Rechteck von 33 x 43 cm, das Sie – wie zuvor in den Schritten 2, 3 und 4 beschrieben – zuschneiden und aufkleben.
6. Schneiden Sie dann aus Karton zwei Streifen von je 3 x 10 cm und ritzen sie in der Mitte quer ein (s. allg. Arbeitsanleitungen). Anschließend stellen Sie das Vorderteil vor den Hintergrundkarton, so daß sich die rechten senkrechten Kanten berühren. Mit Hilfe der Streifen befestigen Sie beide Kartonhälften miteinander: Die eine Hälfte eines Streifens kleben Sie auf die Rückseite des Vorderteils und die andere auf die Vorderseite des Hintergrundkartons. Den zweiten Streifen bringen Sie parallel dazu 10 cm oberhalb der Bodenkante an.

Origami-Fisch

MATERIAL

Geschenkpapiere von Künstlern:
Wiener Werkstätte
Sprühkleber
Pattex
Nylonfaden
Bleistift, Lineal, Reißschiene, Schere
kleine Nähnadel

ANLEITUNG

1. Zunächst schneiden Sie aus Geschenkpapier zwei Quadrate von 25 cm Kantenlänge und kleben sie mit den Rückseiten aufeinander. Dann schneiden Sie die Quadrate auf 23 cm zurück, wobei Sie mit der Reißschiene exakte 90°-Winkel erzielen. Nun falten Sie das Quadrat entsprechend Abb. 1 diagonal und öffnen es wieder. Dann knikken Sie die obere und die untere Seitenkante an die vorgefaltete Mittellinie und öffnen das Blatt wieder. Wiederholen Sie diesen Faltvorgang auf der gegenüberliegenden Seite.
2. Siehe Abb. 2: Falten Sie nun die andere Diagonale vor. Klappen Sie dann die Spitzen von rechts und links in die Mitte und danach zu zwei Dritteln wieder nach außen, so daß kleine Dreiecke entstehen.
3. Siehe Abb. 3: Falten Sie die beiden Außenkanten der kleinen Dreiecke jeweils an den diagonalen Bruch, und falzen Sie dann das Papier, so daß Abb. 4 entsteht.
4. Siehe Abb. 4: Die Figur der Länge nach zusammenklappen, so daß rechts nur die Spitzen der Dreiecke herausragen.
5. Siehe Abb. 5: Die obere Ecke entlang der gestrichelten Linie nach vorne klappen. Die untere Ecke entlang der gepunkteten Linie nach hinten klappen. Die Figur sollte nun wie Abb. 6 aussehen.
6. Siehe Abb. 6: Die kleinen Dreiecke in der Mitte auseinanderziehen, so daß eine »Tüte« entsteht, die Sie dann abflachen. Die entstandene Figur sollte wie Abb. 7 aussehen.
7. Siehe Abb. 7: Nun nehmen Sie die untere Hälfte und klappen sie senkrecht nach oben. Mit den Fingern öffnen und die entstehende »Tüte« abflachen, so daß eine Drachenform entsteht.
8. Die Figur umdrehen und den Vorgang wiederholen, so daß Abb. 8 entsteht.
9. Auf beiden Seiten den hinteren Teil des Schwanzes entlang der gestrichelten Linie nach innen klappen und die Spitze zwischen Daumen und Zeigefinger festhalten. Das Dreieck nach unten knicken, so daß eine Hälfte der Schwanzflosse entsteht.
10. Diesen Vorgang auf der anderen Seite wiederholen, so daß Sie die Figur auf Abb. 10 erhalten.
11. Tupfen Sie zur Sicherheit Klebstoff zwischen die beiden Schwanzflossen. Dann ziehen Sie mit einer Nadel einen Nylonfaden durch die Rückenflosse und verknoten die Enden.

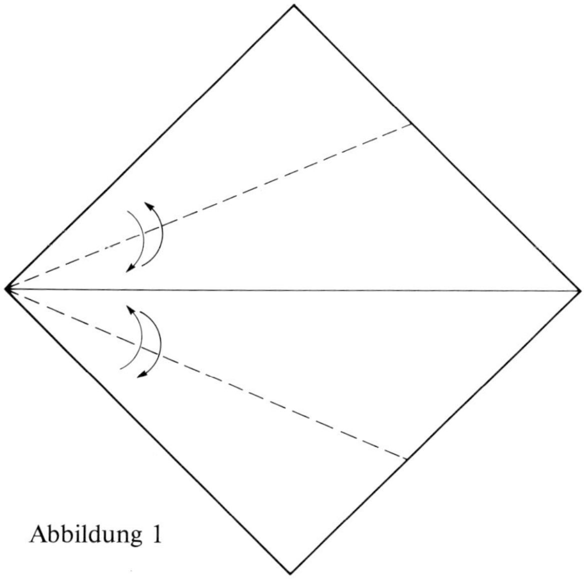

Abbildung 1

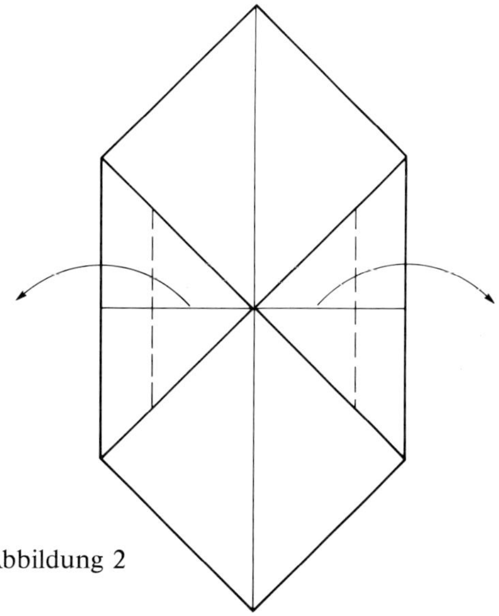

Abbildung 2

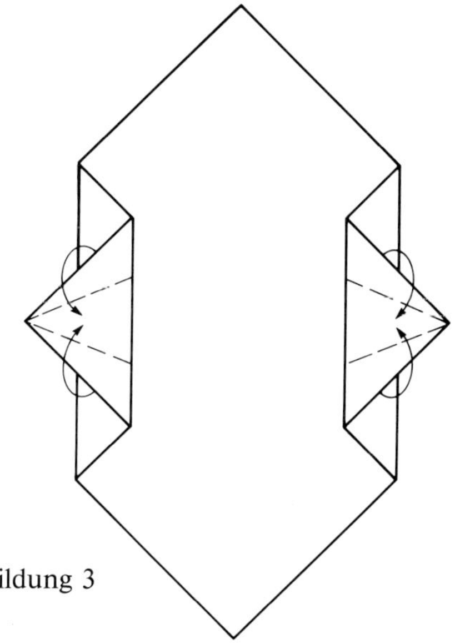

Abbildung 3

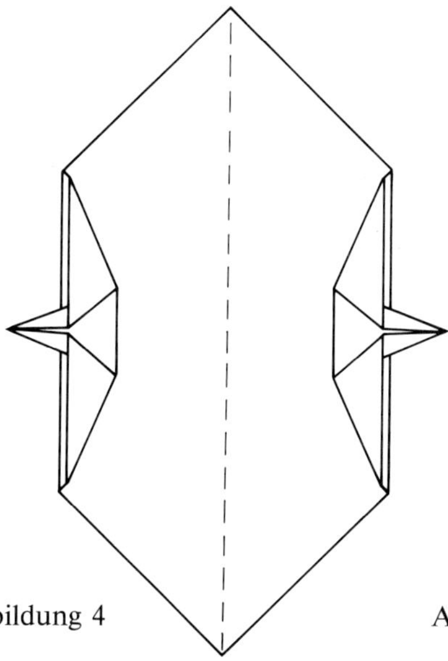

Abbildung 4

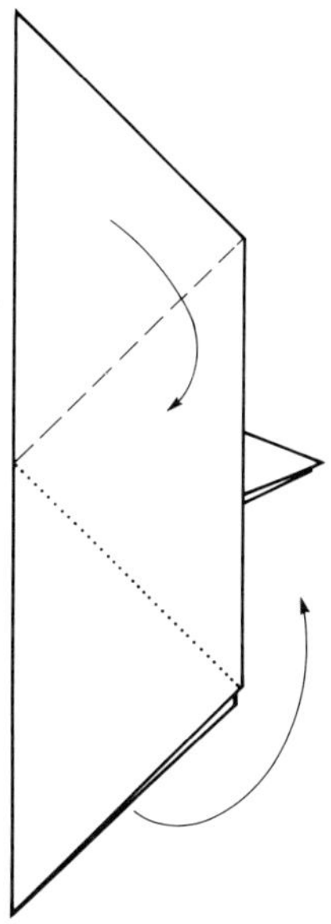

Abbildung 5

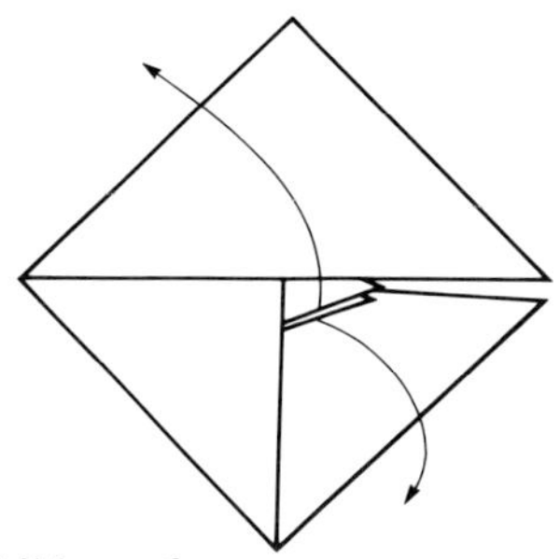

Abbildung 6

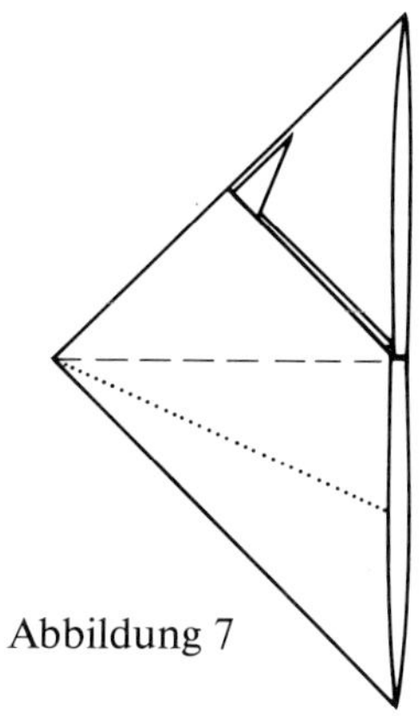

Abbildung 7

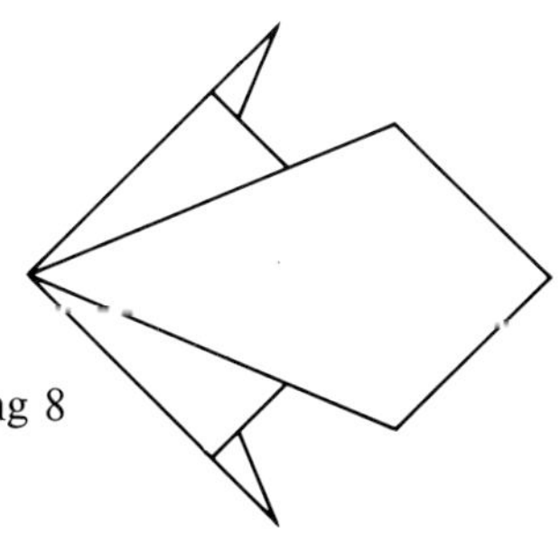

Abbildung 8

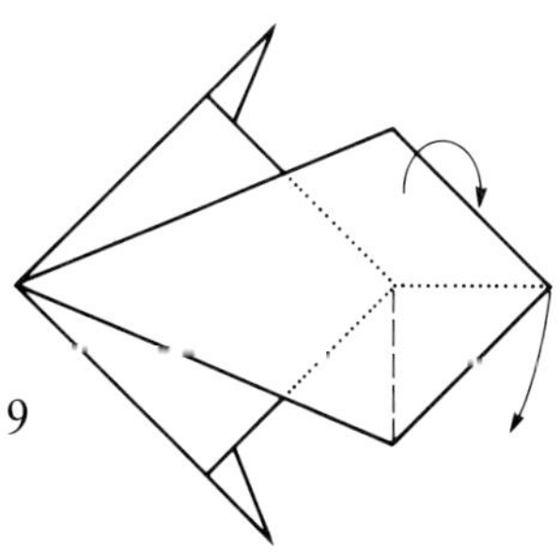

Abbildung 9

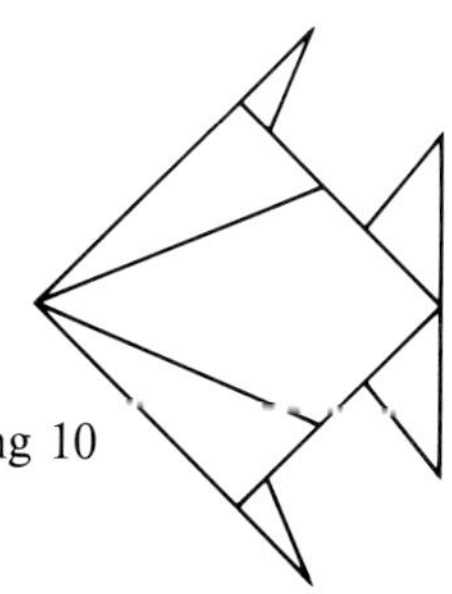

Abbildung 10

PERSÖNLICHE UTENSILIEN

»Schreib mal wieder«

Briefständer
Brief- und Postkarten
Notizbücher und Blocks
Dreifacher Fotorahmen
Runde Schachtel mit Troddel

Nur wenige Dinge verraten mehr über einen Menschen als sein Schreibtisch und sein Briefpapier. Ob Sie nun Postkarten, Briefkarten oder -bögen bevorzugen, jedes Schreibpapier läßt sich so gestalten, daß es Ihre Persönlichkeit widerspiegelt oder eine ganz bestimmte Botschaft übermittelt. Sie können entweder gekaufte Büroartikel individueller gestalten oder auch alles selbst entwerfen und geschmackvoll verzieren. Unser Briefständer enthält individuell gestaltete Brief- und Postkarten; die Notizbücher wurden fertig gekauft und mit Papier aus dem Buch *Japanische Ornamente von Kimonos* dekoriert. Auch die runde Schachtel mit Troddel wurde mit einem Papier aus dieser Geschenkpapiersammlung verschönert. Da die Kunst des Druckens ihren Ursprung in Japan hatte, erschienen uns die Entwürfe der japanischen Kimonos für dieses Thema besonders gut geeignet.

Briefständer

MATERIAL

Geschenkpapiere von Künstlern:
Japanische Ornamente von Kimonos
Präsentkarton für Weinflaschen
Fixogum
Sprühkleber
Sprühklarlack
Karton
Flintpapier in einer passenden Farbe (erhältlich in Geschäften für Künstlerbedarf)
grob gerippptes Seidenband, 1 cm breit, in der Farbe des Flintpapiers
ca. 10 cm Fransen in einer passenden Farbe
Stickgarn der gleichen Farbe
fächerförmiger Anhänger (wahlweise)

ANLEITUNG

1. Verstärken Sie ein Geschenkpapier (s. allg. Arbeitsanleitungen auf S. 95).
2. Breite (B), Länge (L) und Höhe (H) des Weinkartons und des Deckels ausmessen und mit Hilfe der folgenden Formeln auf Geschenkpapier übertragen: Für die Breite addieren Sie B + 4 H + 5 cm, die Länge errechnet sich aus L + 4 H + 5 cm. Anschließend die Rechtecke ausschneiden.
3. Plazieren Sie nun den Deckel und den Karton in die Mitte des entsprechenden Geschenkpapiers. Dann klappen Sie die Ränder sauber nach innen um und kleben das Papier fest (s. allg. Arbeitsanleitungen). Danach zwei weitere Rechtecke zuschneiden (mit den Maßen des Deckels bzw. des Kartons), um 0,1 cm zurückschneiden und von innen auf den Kartonboden bzw. in den Deckel kleben.
4. Beide Teile mit zwei Schichten Klarlack besprühen.
5. Ein weiteres Rechteck aus Karton dient als Trennfach: Dazu benötigen Sie die Höhe des Kartons als Maß für die Höhe des Trennfaches, für die Länge nehmen Sie die Maße beider Schmal- und einer Längsseite des Kartons. Dieses Rechteck ritzen Sie nun ein und falten es zu einem Einsatz, der genau in die linke Hälfte des Briefständers paßt. Nehmen Sie das Rechteck wieder heraus, und beziehen Sie es mit Hilfe von Sprühkleber mit blauem Flintpapier. Danach falten Sie es wieder zusammen und setzen es in den Briefständer ein.
6. Jetzt verzieren Sie den Briefständer mit Seidenband. Das Band an der Innenseite des Deckels entlang über die Deckelaußenseite und um den gesamten Briefständer kleben (s. Foto).
7. Eine 5 cm große Medaillonform aus Geschenkpapier ausschneiden und erst auf Flintpapier und anschließend auf Karton kleben. Mit einem Flintpapierrand von 0,5 cm zum Geschenkpapier die Medaillonform ausschneiden und waagerecht in zwei Hälften trennen, die Sie dann mit zwei Schichten Klarlack besprühen. Die Schachtel schließen und die beiden Hälften so auf das Seidenband kleben, daß sie sich genau auf der Höhe von Deckel- und Kartonrand treffen.
8. (Wahlweise) Die Troddel fertigen Sie aus den Fransen, die Sie straff zusammenrollen und mit Stickgarn an einer Seite zuschnüren; anschließend unter dem Medaillon befestigen. Abschließend können Sie noch den Anhänger auf die obere Medaillonhälfte setzen.

Brief- und Postkarten

MATERIAL

Geschenkpapiere von Künstlern:
Japanische Ornamente von Kimonos
starke, transparente Plastikfolie
dünner weißer Karton
Sprühkleber oder Fixogum
kleine Briefumschläge
feiner, schwarzer Filzstift, wasserfest
Reißschiene
Lineal
Universalmesser
Bleistift

POSTKARTEN

1. Zunächst fertigen Sie aus der Plastikfolie eine Schablone, die Ihnen bei der Motivwahl hilft. Dazu ein Rechteck von 8,8 x 12,7 cm auf die Folie zeichnen und mit Hilfe von Universalmesser und Lineal ausschneiden.
2. Anschließend trennen Sie den Einband des Geschenkpapierbuchs ab.
3. Legen sie nun Ihre Schablone auf den ausgeklappten Einband, und verschieben Sie sie so lange, bis Sie innerhalb des transparenten Rechtecks ein ansprechendes Motiv gefunden haben. Mit schwarzem Filzstift markieren und innerhalb der Markierung mit dem Universalmesser ausschneiden. Sie können so den größten Teil des Einbands zu Postkarten verarbeiten.
4. Abschließend zeichnen Sie mit Filzstift auf der Rückseite der Postkarten einen Trennstrich auf, der den Bereich für persönliche Mitteilungen vom Adreßfeld trennt.

BRIEFKARTEN

1. Verwenden Sie einen Briefumschlag als Schablone und übertragen Sie eine Höhe und zweimal die Länge auf Karton.

2. Dann schneiden Sie dieses Rechteck aus (Universalmesser und Lineal) und verwenden es wiederum als Schablone für weitere Briefkarten, die Sie ebenfalls ausschneiden.
3. Falten Sie die einzelnen Rechtecke in der Mitte zusammen.
4. Jetzt verstärken Sie ein Geschenkpapier (s. allg. Arbeitsanleitungen auf S. 95).
5. Das gefaltete Kartonrechteck auf das Geschenkpapier legen, die Maße übertragen, ausschneiden.
6. Das Geschenkpapier auf die Vorderseite der Briefkarte kleben (s. allg. Arbeitsanleitungen).
7. Zum Schluß beschneiden Sie die Briefkarten mit Hilfe von Universalmesser und Lineal um 0,3 cm.

Notizbücher und Blocks

MATERIAL

Geschenkpapiere von Künstlern:
Japanische Ornamente von Kimonos *und* Wiener Werkstätte
Notizblocks DIN A6 (Notizbuch) und DIN A5 (einfacher Block)
Fixogum
23 cm grob geripptes Seidenband, 1 cm breit
2 Klettverschlüsse, Universalmesser
dünner Karton

NOTIZBUCH

1. Wählen und verstärken Sie ein oder mehrere Geschenkpapiere (s. allg. Arbeitsanleitungen auf S. 95) – ich habe mich hier für vier unterschiedliche Bögen entschieden. Darüber hinaus benötigen Sie auch den Einband des Geschenkpapierbuches.
2. Legen Sie den Papierblock auf das Geschenkpapier und schneiden Sie es mit dem Universalmesser sauber und genau am Blockrand entlang aus. Diesen Vorgang dreimal wiederholen.
3. Den Block in vier gleich große Stapel unterteilen, den Rücken aber nicht durchtrennen, und jeweils die erste Seite mit Geschenkpapier bekleben, dabei das Papier so nah wie möglich an den gebundenen Blockrücken heranführen und darauf achten, daß alle Kanten übereinstimmen.
4. Anschließend eine Plexiglasscheibe oder einen sehr festen Karton unter den ersten (oberen) Block legen und 3 cm von der Außenkante des Blocks entfernt eine Linie aufzeichnen. Mit Hilfe von Universalmesser und Lineal das Papier entlang dieser Linie abschneiden, wobei Sie ruhig mehrere Lagen auf einmal durchtrennen können.
5. Wenn Sie den ersten Block bis zur Plexiglasunterlage abgeschnitten haben, legen Sie die Unterlage unter den zweiten Papierstapel, zeichnen wieder eine Linie auf (2 cm Entfernung zum Rand), und schneiden auch diesen Block zu. So verfahren Sie auch mit dem dritten Block (der Abstand beträgt hier 1 cm), lassen aber den letzten Block unverändert.
6. Anschließend aus festem Karton ein Reckteck zuschneiden, das genauso hoch ist wie das Notizbuch, aber so breit, daß man das Notizbuch darin einschlagen kann und noch über einen zusätzlichen Rand von 5 cm für die Verschlußlasche verfügt. Legen Sie nun das Rechteck auf den vorderen Deckel des Notizbuchs – achten Sie darauf, daß die Kanten übereinstimmen –, und ritzen Sie den Karton auf Höhe des Buchrückens ein. Danach klappen Sie die andere Hälfte des Kartons um das Buch herum, wobei ein Rand für die Verschlußlasche überstehen wird. Diesen Rand verkürzen Sie auf 3 cm.
7. Nun können Sie den Karton als Schablone benutzen und ein entsprechendes Reckteck aus dem Umschlag des Geschenkpapierbuches ausschneiden. Die Beschriftung, die ISB-Nummer und den Buchrükken sollten Sie natürlich nicht verwenden; schneiden Sie den Einband in zwei Teile, die Sie im Bereich des Notizbuchrückens zu einer Stoßkante zusammenfügen.
8. Fixogum auf den Buchrücken geben und den Kartoneinband festkleben.
9. (Wahlweise) Kleben Sie ein Seidenband um den vorderen Buchdeckel aus dem Geschenkpapierumschlag, so daß das Band 2,5 cm vom Rücken entfernt verläuft.
10. Den Geschenkpapierumschlag mit Fixogum auf den Einbandkarton aufkleben (s. allg. Arbeitsanleitungen).
11. Anschließend die Verschlußlasche erst nach oben und dann nach vorne über den Einband klappen. Der Abstand zwischen den beiden Knickstellen sollte dabei der Dicke des Buchrückens entsprechen.
12. Zum Schluß die Klettverschlüsse auf den rechten Rand des vorderen Buchdeckels und auf die (verdeckte) Rückseite der Verschlußlasche kleben, so daß Sie den Umschlag schließen können.

EINFACHER BLOCK

1. Zunächst schneiden Sie aus dem Umschlag des Geschenkpapierbuches ein Rechteck aus, das genauso hoch ist wie der Notizblock, aber so breit, daß man den Block darin einschlagen kann. Die Beschriftung, die ISB-Nummer und den Buchrükken sollten Sie natürlich nicht verwenden; schneiden Sie den Einband in zwei Teile, die Sie im Bereich des Notizblockrückens zu einer Stoßkante zusammenfügen.
2. Das Rechteck auf den vorderen Deckel des Notizbuchs legen – achten Sie darauf, daß die Kanten übereinstimmen und den

Umschlag am Blockrücken einritzen. Danach die andere Hälfte des Rechtecks paßgenau um den Notizblock klappen.
3. Abschließend mit Fixogum auf dem Block festkleben.

Dreifacher Fotorahmen

MATERIAL

Geschenkpapiere von Künstlern:
Japanische Ornamente von Kimonos
dicker Zeichenkarton, Plakatkarton
transparente Plastikfolie, 29,6 x 21 cm
schwarzer Emailleglanzlack
Goldfolienklebeband, 0,3 cm breit (erhältlich in Geschäften für Künstlerbedarf)
Blattgold-Heft
Sprühklarlack
Fixogum
Bleistift, Lineal, Reißschiene, Universalmesser
Flachpinsel

ANLEITUNG

1. Zunächst zeichnen Sie mit Hilfe der Reißschiene ein Rechteck von 36 x 17 cm auf Zeichenkarton.
2. Dann schneiden Sie das Rechteck mit Hilfe von Universalmesser und Lineal aus.
3. Unterteilen Sie das Rechteck in drei Bereiche, und zwar mit zwei Linien, die jeweils 12 cm von den Seitenrändern entfernt liegen. Anschließend ritzen Sie diese Linien leicht ein, falten die beiden äußeren Teile nach innen und klappen sie wieder zurück, so daß sie leicht angewinkelt nach vorne stehen.
4. Danach versehen Sie alle Flächen des ›Triptychons‹ mit drei Schichten schwarzem Emaillelack, der nach jedem Auftrag gut trocknen sollte.
5. Umranden Sie die drei Teile des Rahmens mit zwei Goldfolienbändern (Abstand zum Rand 0,3 cm und 1,2 cm), und legen Sie einen 0,6 cm breiten Blattgoldstreifen zwischen diese Umrandung. Anschließend mit einem Kugelschreiber oder einer Stricknadel über das Blattgold fahren und so die Rahmenteile mit Ornamenten verzieren. Das Schema kann Ihnen hierbei als Vorlage dienen; allerdings sollten Sie die Verzierung freihändig auftragen. Danach entfernen Sie die Blattgoldstreifen.
6. Besprühen Sie alles mit zwei dünnen Schichten Klarlack.
7. Anschließend drei Passepartouts von 8,8 x 13,8 cm aus Plakatkarton ausschneiden und auf jedes ein 5 x 10 cm großes Fenster mit einem Rand von 1,9 cm Breite aufzeichnen. Mit Hilfe von Universalmesser und Lineal schneiden Sie zwei Passepartoutfenster aus und unterteilen die dritte Fensteröffnung in zwei Hälften, so daß zwei kleinere Fenster mit einem 1,2 cm breiten Verbindungssteg entstehen. Schneiden Sie auch diese Öffnungen aus.
8. Verstärken Sie ein Geschenkpapier (s. allg. Arbeitsanleitungen), legen Sie die Passepartouts auf die Rückseite des Papiers, und übertragen Sie die Maße der Außen- und Innenkanten (Fensteröffnung). Mit einer Zugabe von 1,2 cm schneiden Sie das Papier entlang der Außenkante zu. Die Fensteröffnungen diagonal von Ecke zu Ecke einschneiden. Das Geschenkpapier auf den Karton kleben und die Ränder nach hinten umschlagen und das überstehende Papier im Bereich der Öffnungen abschneiden.
9. (Wahlweise) Verzieren Sie die Passepartouts zusätzlich mit Blattgold.
10. Anschließend schneiden Sie die Plastikfolie ein wenig kleiner als die Passepartouts zu und kleben sie mit Fixogum auf deren Rückseite. Die Passepartouts selbst kleben Sie auf die Fotorahmenteile, das mit den beiden Fensteröffnungen kommt in die Mitte. Die Passepartouts genau in die Umrandung einsetzen, aber nur an drei Seiten festkleben, damit Sie später Ihre Fotos und Schnappschüsse von oben in den Wechselrahmen einschieben können.

Schema für die Verzierungen des dreifachen Fotorahmens (Vorlage in Originalgröße)

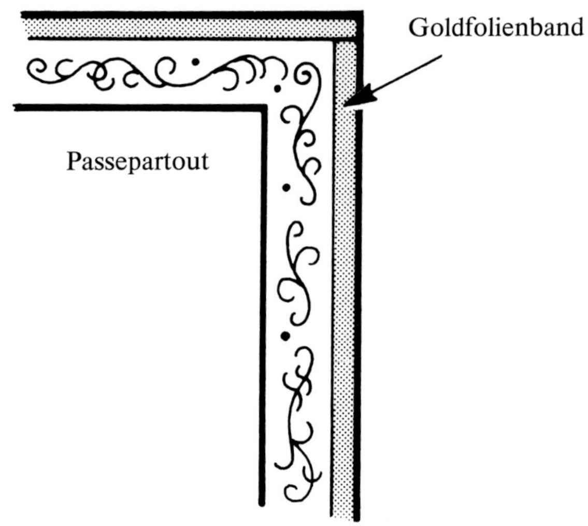

Runde Schachtel mit Troddel

MATERIAL

Geschenkpapiere von Künstlern:
Japanische Ornamente von Kimonos
runde Spanholzschachtel mit Deckel
Sprühklarlack
Sprühkleber
Bohrer mit 3 mm Spitze
kleine Polstertroddel oder
10 cm Polsterfransen
und Stickgarn in einer passenden Farbe
fächerförmiger Anhänger

ANLEITUNG

1. Verstärken Sie ein Geschenkpapier (s. allg. Arbeitsanleitungen auf S. 95).
2. Dann schneiden Sie das Geschenkpapier für die Schachtel zu: Übertragen Sie je zweimal die Umrisse des Schachtelbodens und des Deckels auf das Papier, und schneiden Sie alle Kreise 0,1 cm kleiner aus.
3. Anschließend messen Sie die Höhe (H) und den Umfang (U) von Schachtel und Deckel und schneiden Rechtecke von U + 1 cm x H + 1 cm (Außenverkleidung der Schachtel), U + 1 cm x H + 0,6 cm (Futter der Schachtel) und U + 1 cm x 2 H + 1 cm (Deckel).
4. Dann kleben Sie das Geschenkpapier auf die Schachtel.
Beginnen Sie mit den Seiten: Kleben Sie das größte Rechteck auf die Seiten der Schachtel; die beiden Schmalseiten des Papiers sollten sich dabei überlappen. Den oben überstehenden Rand nach innen und den unteren Rand unter den Boden klappen. Die Ränder dazu in regelmäßigen Abständen einschneiden, so daß kleine Streifen entstehen, die sich faltenlos um die Kanten legen. Danach einen der Papierkreise auf den Boden der Schachtel kleben.
Anschließend setzen Sie das Futter ein: Dazu schneiden Sie eine Längsseite des zweitgrößten Rechtecks 0,5 cm weit ein und kleben das Geschenkpapier so in die Schachtel, daß sich die Schmalseiten überlappen und die Streifen den Boden bedecken. Darüber kleben Sie einen zweiten Geschenkpapierkreis.
Deckel: Bevor Sie das Geschenkpapier mit Sprühkleber einsprühen, falten Sie das Rechteck der Länge nach (links auf links) und klappen es dann wieder auf. Anschließend in die beiden Längsseiten 0,5 cm tiefe Streifen schneiden und mit Klebstoff besprühen. Dann das Papier so auf den Deckelrand kleben, daß die Knickstelle des Papiers entlang der Unterkante verläuft, die Schmalseiten sich überlappen und die Streifen auf und unter den Deckel geklappt werden können. Anschließend einen Kreis aus Geschenkpapier auf den Deckel und einen zweiten in den Deckel kleben.
5. Besprühen Sie Deckel und Schachtel mit je zwei Schichten Klarlack, der nach jedem Auftragen gut trocknen sollte.
6. Dann bohren Sie ein Loch in die Mitte des Deckels. Richten Sie sich für eine Troddel aus Polsterfransen nach den Anleitungen für den Briefständer. Danach einen flachen Anhänger an der Troddelschnur befestigen. Die Schnur durch das Deckelloch ziehen, auf der Innenseite des Deckels die Enden verknoten und mit einem Stück Klebeband sichern.

PERSÖNLICHE UTENSILIEN

Festliches

Platzkärtchen oder Geschenkanhänger
Serviettenhüllen, Deko-Huhn
Elegante Picknicktüten
Dekorative Präsentbox
Schachtel für den Weihnachtsschmuck

Bevor meine Gäste eintreffen, genieße ich jedesmal den Moment, wenn ich mir endlich einen letzten prüfenden Blick auf den festlich gedeckten Tisch erlauben kann: Das Silber ist poliert, das Porzellan und die Gläser glänzen, die Servietten sind verteilt, und der Tafelaufsatz bildet einen festlichen Mittelpunkt. Die Idee für das Deko-Huhn hatte ich beim Betrachten einer englischen Porzellanfigur mit einem ähnlichen Design. Ich bemalte einfach ein gekauftes Pappmachéhuhn und beklebte es mit winzigen Blüten. Anschließend verband ich die Blüten mit aufgemalten Ranken und Blättern. Mein Deko-Huhn hat eine zylinderförmige Vertiefung, in die man ein kleines Gefäß mit frischen Blumen stellen kann.

Für weniger formelle Anlässe habe ich die eleganten Picknicktüten entworfen. Sie sind für ein besonderes Festessen gedacht, das man darin servieren kann. Jeder einzelne Gang wird direkt aus den Plastikschalen oder den hübsch verzierten Transportkartons gegessen.

Wenn Sie jetzt noch Plastikbesteck und passende Papierservietten hinzufügen, sind Sie startklar. Das hier gezeigte kleine Festessen wurde von Jonathan Randall von *Jonathan's* bei Huntington, New York, zusammengestellt. Die kleinen Kartons eignen sich auch sehr gut als Präsentbox für Süßigkeiten.

Wertvollen Weihnachtsschmuck kann man einfach und sicher aufbewahren, indem man eine Schachtel unterteilt und so für jedes Einzelteil ein eigenes Fach einrichtet. Die Feiertage sind eine geschäftige Zeit, und man erspart sich unnötige Arbeit, wenn man den Weihnachtsschmuck in einer schönen Schachtel schnell zur Hand hat.

Platzkärtchen oder Geschenkanhänger

MATERIAL

Geschenkpapiere von Künstlern:
Englische Blumenmuster
kräftiges, weißes Papier
Universalmesser
Sprühkleber
feiner grüner Filzstift

ANLEITUNG

1. Zunächst schneiden Sie aus kräftigem, weißem Papier Kärtchen von ca. 9 x 11,5 cm Größe. Sie können sie auch in der Mitte einritzen und falten.
2. Schneiden Sie aus dem Geschenkpapier kleine Motive aus.
3. Sprühkleber auf die Rückseite der Motive geben, ein oder zwei Minuten antrocknen lassen und die Motive auf die linke Hälfte der Kärtchen kleben.
4. Zeichnen Sie eine zarte Ranke: eine Reihe kleiner Schnörkel, die sich vom Motiv aus am Rand der Karte entlangziehen.
5. Bei Platzkarten schreiben Sie den Namen des Gastes über die Ranke; bei Geschenkanhängern schreiben Sie den Namen des Empfängers auf die Karte oder in die Karte.

Serviettenhüllen

MATERIAL

Geschenkpapiere von Künstlern:
Englische Blumenmuster
Karton
Weißer Baumwollstoff, 4,5 x 50 cm
Fixogum
Montagekleber oder Weißleim
Heißpunktkleber
Aquarellfarben: Limonengrün und Smaragdgrün
ein großer Bogen weißes Papier
Bleistift, Lineal
Zirkel, Schere
Wäscheklammern
Zellophanfolie
spitzer Pinsel

ANLEITUNG

1. Zunächst fertigen Sie Schablonen aus weißem Papier: Zeichnen Sie mit dem Zirkel einen Kreis mit einem Radius von 17 cm, klappen Sie ihn anschließend zweimal zusammen und schneiden den so entstandenen Viertelkreis aus.
2. Diese Schablone auf den Karton legen, die Maße übertragen und den Karton zuschneiden.
3. Wählen und verstärken Sie ein Geschenkpapier (s. allg. Arbeitsanleitungen auf S. 95).
4. Legen Sie die Schablone auf die Rückseite des Geschenkpapiers und zeichnen die Maße zweimal auf. Das erste Segment entlang der markierten Linie ausschneiden (Futter), das zweite 1,2 cm größer.
5. Kleben Sie danach das Futter auf die Rückseite des Kartonsegments.
6. Formen Sie den Karton zu einer Tüte, so daß das Futter innen liegt und sich die gera-

den Kanten um 1 cm überlappen. Fixieren Sie die Kanten mit Heißpunktkleber.
7. Anschließend formen Sie aus dem zweiten Geschenkpapiersegment ebenfalls eine Tüte: falten Sie die geraden Kanten um 0,3 cm nach hinten, und versehen Sie sie mit Fixogum. Diese Tüte kleben Sie auf die Kartontüte, wobei die geraden Kanten übereinander liegen sollten. Das Geschenkpapier wird über den Rand der Kartontüte hinausragen; den überstehenden Rand deshalb in regelmäßigen Abständen einschneiden und nach innen umklappen.
8. Den Stoffstreifen in Montagekleber tauchen und solange er noch feucht ist zu einer Schleife formen: Schlagen Sie die Längsseiten 0,5 cm ein, und schneiden Sie ein 19 cm langes, ein 24 cm langes und ein 7 cm langes Stück ab. Dann nehmen Sie den 19 cm langen Streifen, legen die Enden zusammen und formen so einen Ring, den Sie leicht abflachen (die einander überlappenden Enden sollten in der Mitte liegen). Diesen abgeflachten Ring legen Sie in die Mitte des 24 cm langen Streifens und verknoten die beiden mit Hilfe des kurzen Baumwollstücks (7 cm) zu einer ›Fliege‹, die Sie auf Zellophanfolie legen und in der Mitte mit Wäscheklammern befestigen. Nun klappen Sie jedes einzelne Band am Ende 1 cm um, machen eine Schlaufe und schieben die Enden unter den Knoten. Die Schleife gut trocknen lassen.
9. Schneiden Sie kleine Blüten und Blätter aus dem Geschenkpapier aus und kleben sie auf die Schleife (s. allg. Arbeitsanleitungen).
10. Anschließend füllen Sie die Zwischenräume mit kleinen aufgemalten Blättern und Stengeln. Nach dem Trocknen der Farbe versiegeln Sie die Schleife mit einer weiteren Schicht Montagekleber.
11. Befestigen Sie die Schleife mit Heißpunktkleber am oberen Rand der Tüte.

Deko-Huhn

MATERIAL

Geschenkpapiere von Künstlern:
Englische Blumenmuster
Pappmaché-Figur (erhältlich in Geschäften für Bastelbedarf oder selbstgemacht)
Mein Huhn hat in der Mitte eine Vertiefung für eine Topfpflanze und stammt von Palechek.
Emailleglanzlack: weiß oder in einer passenden Hintergrundfarbe
Acrylfarbe: Limonengrün und Smaragdgrün
hochglänzender Montagekleber
feiner, spitzer Pinsel
Flachpinsel, 2,5 cm breit.

ANLEITUNG

1. Zuerst bemalen Sie die gesamte Figur mit zwei Schichten Emailleglanzlack, die sie nach jedem Auftrag trocknen lassen und, falls nötig, mit Schleifpapier anrauhen.
2. Wählen Sie ein Geschenkpapier mit einem Blumenmuster, und verstärken Sie es (s. allg. Arbeitsanleitungen auf S. 95).
3. Blumenmotive ausschneiden, allerdings ohne die feinen verzweigten Stengel, und auf die Pappmaché-Figur kleben. Mit den größeren Motiven anfangen, großzügig über das Huhn verteilen und in unterschiedlichsten Positionen aufkleben, wodurch Sie den Eindruck von Bewegung erzeugen. Dazwischen setzen Sie die mittleren und kleinen Motive. Achten Sie darauf, daß sich die einzelnen Blüten nicht überlappen. Danach füllen Sie die restlichen freien Stellen mit kleinen Blättern oder Zweigen.
4. Mit einem feinen, spitzen Pinsel in Limonengrün weitere geschwungene Ranken, Stengel und Blätter aufmalen. So verbinden Sie die verschiedenen Motive miteinander, verknüpfen einzelne Blätter zu Zweigen und bedecken auch die Flächen mit einem Muster, die man weniger gut bekleben kann.
5. Mit Smaragdgrün die Details und einzelne Akzente hinzufügen: Eine auffällige Blattform dient als Auge. Bemalen Sie die limonengrünen Blätter mit leichten Schattierungen und feinen Äderchen, und korrigieren Sie alle unvollständigen Motive oder abrupt endenden Linien mit kleinen aufgemalten Blättern oder Stengeln. Die Farbe gut trocknen lassen.
6. Überziehen Sie das Huhn mit mehreren Schichten Montagekleber, bis die Oberfläche glänzt und völlig glatt ist.

CRAIGSTON

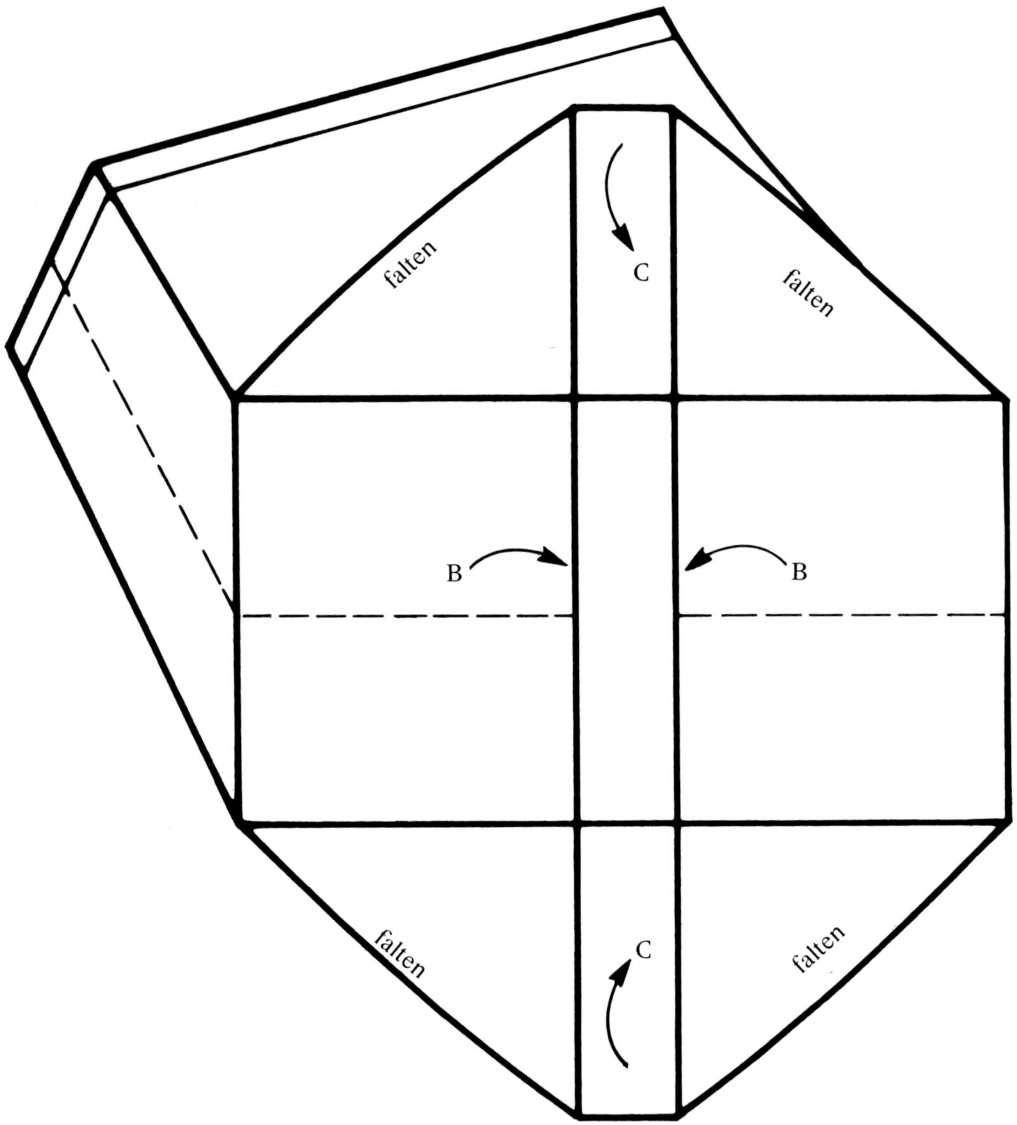

Abbildung 2: Boden der Tüte

Elegante Picknicktüten

MATERIAL

Geschenkpapiere von Künstlern:
Wiener Werkstätte
90 cm transparente selbstklebende Buchfolie
Fixogum
Karton
Lochzange
70 cm Satinkordel, 0,6 cm stark

ANLEITUNG

1. Wählen und verstärken Sie einen Bogen Geschenkpapier (s. allg. Arbeitsanleitungen auf S. 95).
2. Legen Sie das Geschenkpapier mit der Rückseite nach oben. Dann tragen Sie mit einem spitzen Bleistift und einem Lineal die Linien von Abb. 1 ein. (*Anmerkung:* Für die größeren Tüten geben Sie bei den Seitenteilen je 5 cm Höhe zu.) Das Rechteck ausschneiden.
3. Beziehen Sie das Rechteck mit selbstklebender Buchfolie (s. allg. Arbeitsanleitungen).
4. Alle durchgehenden Linien nach *oben*, alle gestrichelten Linien nach *hinten* klappen und das Papier danach wieder auseinanderfalten.
5. Jetzt geben Sie Fixogum auf die Rückseiten der mit A gekennzeichneten Flächen und kleben die Schmalseiten aufeinander. Den Klebstoff trocknen lassen.
6. Klappen Sie die mit B gekennzeichneten Flächen von den Seiten aus zur Mitte, so daß die C-Flächen zu einem abgestumpften Dreieck werden (s. Abb. 2). Zwischen beide Lagen Papier Fixogum geben und die Flächen miteinander verkleben.

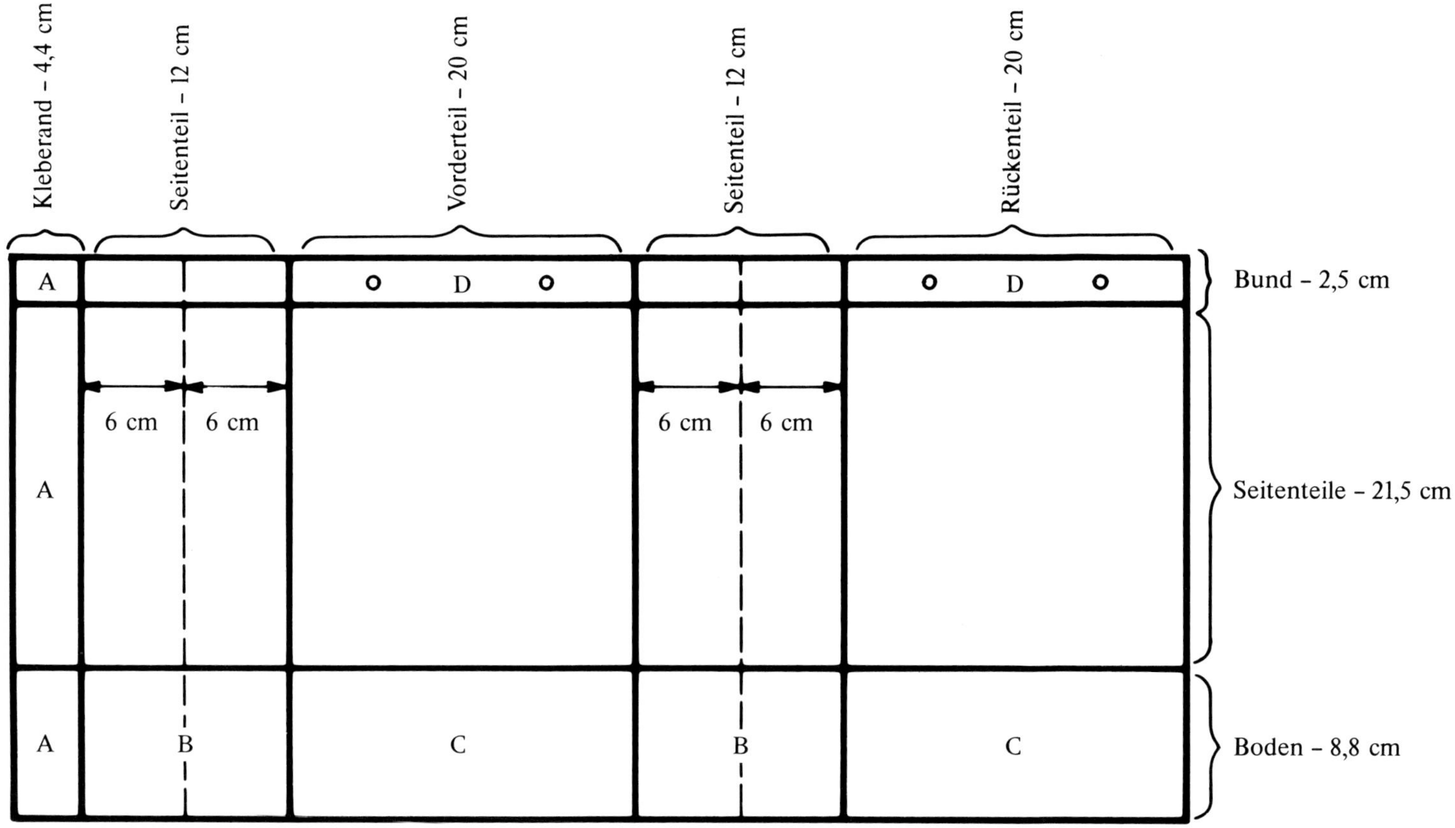

Abbildung 1: Vorlage für Picknicktüten

7. Schlagen Sie die beiden mit C gekennzeichneten Dreiecke zur Mitte hin um. Dann verkleben Sie sie mit den B-Flächen und miteinander. Beschweren Sie den Boden der Tüte, bis der Klebstoff trocken ist.
8. Schneiden Sie aus Karton zwei Rechtecke von 2,2 x 19,6 cm zu, und bekleben Sie damit die Rückseiten der D-Flächen. Dann klappen Sie den oberen Rand der Tüte 2,5 cm weit nach innen um und kleben ihn fest.
9. Nach dem Trocknen lochen Sie jede D-Fläche in einem Abstand von 3,8 cm zu den Seiten. Dann schneiden Sie die Satinkordel in der Mitte durch, ziehen die Enden der Kordel von außen durch die Löcher nach innen, tauchen sie in Fixogum und machen einen festen Knoten. Überstehende Kordelenden abschneiden.
10. Um den Boden der Tüte zu verstärken, schneiden Sie eine Einlage aus Karton zu (11,7 x 19,6 cm). Dieses Rechteck bekleben Sie zunächst mit Geschenkpapier und dann mit Buchfolie. Legen Sie die Einlage auf den Boden der Tüte.
11. Entlang der gestrichelten Linien läßt sich die Tüte zusammenfalten, wobei der Boden auf die Rückseite geklappt wird.

Dekorative Präsentbox

ANMERKUNG

Der Inhalt dieser Schachtel sollte möglichst eingepackt oder trocken sein, da Sie die Schachtel zwar auswischen, aber nicht abwaschen können.

MATERIAL

Geschenkpapiere von Künstlern:
Wiener Werkstätte
Saubere, unbenutzte Konfektschachteln
Sprühklarlack, Sprühkleber
Enthefter
Universalmesser
Teppichnadel

ANLEITUNG

1. Wählen Sie ein Geschenkpapier: entweder ein Muster für die gesamte Schachtel oder je ein Muster für die Außenseite und ein passendes Muster für die Innenseite. Verstärken Sie das Geschenkpapier (s. allg. Arbeitsanleitungen auf S. 95).
2. Mit dem Enthefter eventuelle Heftklammern entfernen. Dann entfalten Sie die Schachtel und glätten sie.
3. Nun kleben Sie die Schachtel mit Sprühkleber auf die linke Seite des Geschenkpapiers (s. allg. Arbeitsanleitungen). Nach dem Trocknen mit der Kartonseite nach oben auf eine saubere Oberfläche legen und entlang der Kartonkante mit einem Universalmesser das Geschenkpapier zuschneiden. Danach ritzen Sie den Falz des Schachteldeckels ein.
4. Wiederholen Sie Schritt 3, diesmal mit der Innenseite der Schachtel und passendem Geschenkpapier.
5. Nun falten Sie die Schachtel wieder zusammen und heften sie an den alten Stellen neu.

Schachtel für den Weihnachtsschmuck

MATERIAL

Geschenkpapiere von Künstlern: Quilts
Zeichenkarton
90 cm transparente selbstklebende Buchfolie
Karton
25 cm dunkelgrüner Stoff mit Tupfen
Heißpunktkleber
Fixogum
Montagekleber oder Weißleim
Bleistift, Lineal
Schere, Universalmesser
Wäscheklammern
Zellophanfolie

ANLEITUNG

1. Übertragen Sie die Maße der Schachtel auf Zeichenkarton (s. Abb. 1). Dann schneiden Sie die Figur mit Hilfe von Universalmesser und Lineal aus. Die gestrichelten Linien ritzen Sie leicht ein (s. allg. Arbeitsanleitungen auf S. 95).
2. Die Seitenteile der Schachtel senkrecht nach oben klappen und mit Heißpunktkleber an den Rändern zusammenkleben.
3. Anschließend beziehen Sie das Geschenkpapier mit selbstklebender Buchfolie (s. allg. Arbeitsanleitungen). Dann schneiden Sie folgende Rechtecke zu: 33 x 45,7 cm; 5 x 44,4 cm; 15,8 x 17,7 cm.
4. Nun kleben Sie das größte Rechteck um die Schachtel: Zunächst fixieren Sie das Geschenkpapier an der Vorderkante der

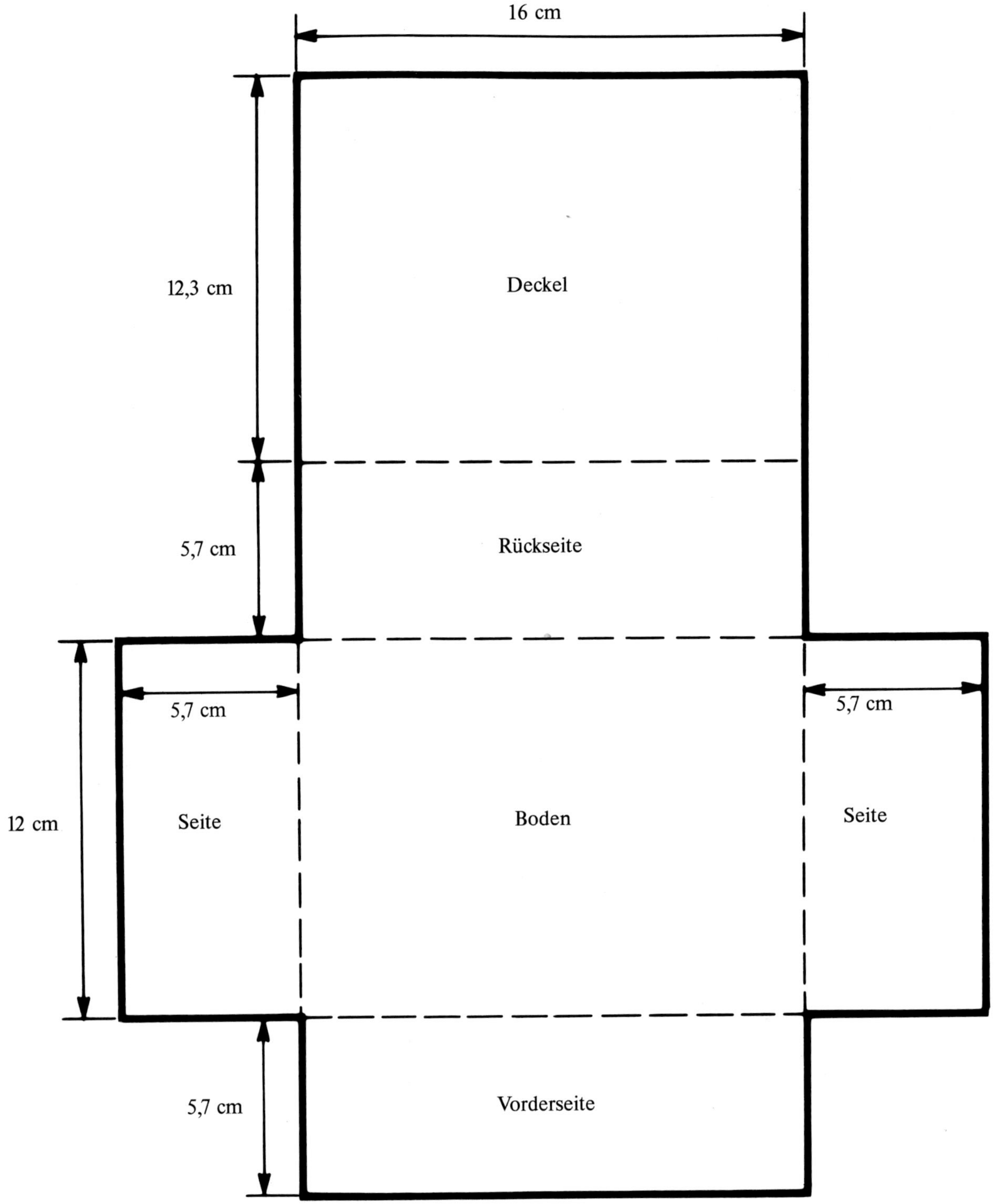

Abbildung 1: Schachtel für Weihnachtsschmuck

Schachtel und führen es so um die Schachtel herum, daß es bis an die Innenseite des Dekkels reicht. Dann schneiden Sie das Papier an den Ecken so ein, daß es überall glatt anliegt, und kleben es auf die Innenseiten der Schachtel. Das 5 x 44,4 cm große Rechteck kleben Sie nun von innen gegen die Seiten- und die Vorderwand. Anschließend kleben Sie das dritte Rechteck sorgfältig von innen an den Deckel und die Rückseite der Schachtel.

5. Nun schneiden Sie den Stoff in 5,5 cm breite Streifen, die Sie in Montagekleber eintauchen. Bei den noch feuchten Streifen biegen Sie die Längsränder 0,5 cm nach hinten um und pressen sie mit den Fingern zusammen. Danach schneiden Sie ein 63,5 cm langes Stück Stoff ab und kleben es um die Mitte der Schachtel. Dabei gehen Sie vom Innenboden aus über die innere Rückwand, die Innen- und Außenseiten des Deckels, die äußere Rückwand, den Boden und über die äußere und innere Vorderseite wieder zurück auf den Innenboden. Bis der Klebstoff trocken ist, fixieren Sie den Stoff mit Klebeband.

6. Aus dem restlichen, noch feuchten Stoff binden Sie eine Schleife: Schneiden Sie den Streifen in Stücke von 30 cm, 10 cm sowie zweimal 20 cm. Die Enden des 30 cm langen Streifens verkleben Sie zu einem Ring, den Sie dann leicht abflachen, wobei die Überlappung in der Mitte liegen sollte. Nun binden Sie das 10 cm lange Stück um die Mitte des Rings zu einem Schleifenknoten und plazieren es am äußeren Ende des Deckels. Den Knoten fixieren Sie mit einer Wäscheklammer. Die beiden 20 cm langen Stoffstücke kleben Sie als Schleifenbänder mit einem Ende diagonal unter den Knoten und schlagen die anderen Enden 1,5 cm weit nach hinten um; etwas zusammenschieben, so daß die Bänder leichte Wellen bilden. Gut trocknen lassen.

7. Für den Schachteleinsatz schneiden Sie ein 20,3 x 35,5 cm großes Rechteck aus Karton zu, dessen Ecken Sie leicht abrunden. Dann kleben Sie Geschenkpapier auf die Oberseite (s. allg. Arbeitsanleitungen). Übertragen Sie nun die Maße von Abb. 2 auf die Rückseite des Kartons. Danach schneiden Sie mit Hilfe von Universalmesser und Lineal die Figur entlang der fett markierten Umrißlinien aus und ritzen vorsichtig die feinen Linien ein. Anschließend drehen Sie die Figur um und ritzen die gestrichelten Linien ein. Dann pressen Sie A gegen B und jedes C gegen das benachbarte D, so daß 6 Fächer entstehen. Zum Schluß passen Sie den Einsatz in die Schachtel ein.

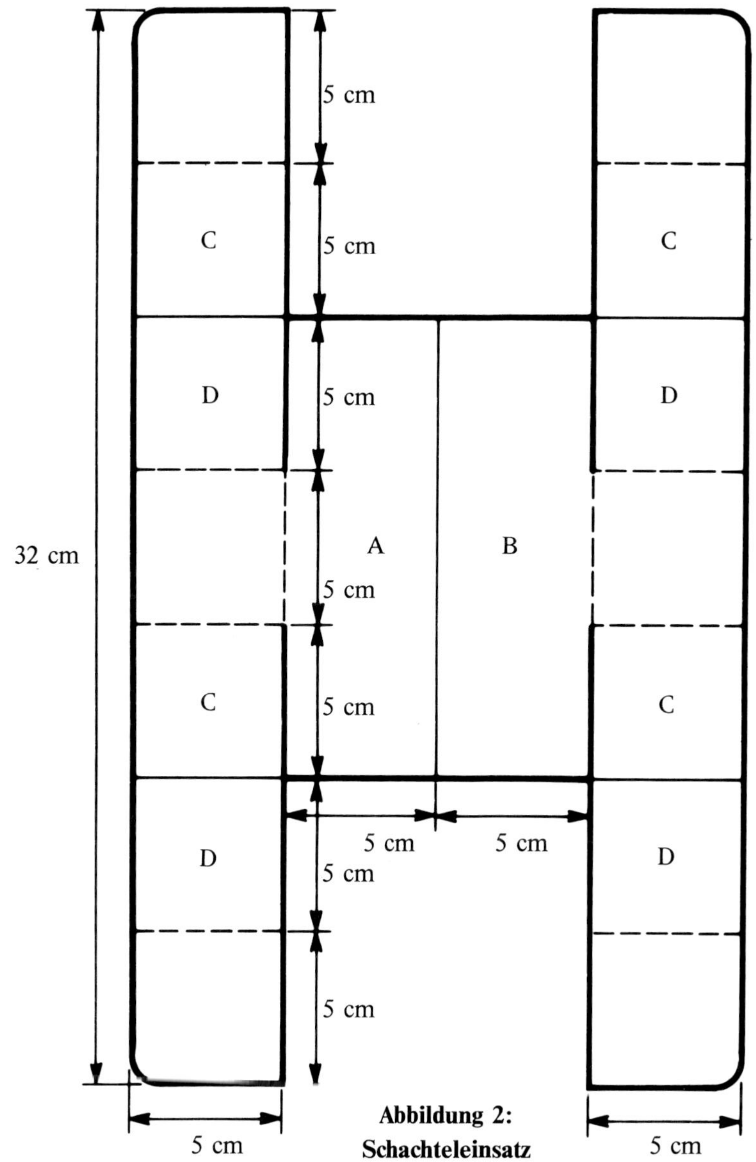

Abbildung 2: Schachteleinsatz

TOM KITTEN
SOAP
FOR
BABY
Herbal
Baby Lotion
100 g 3.5 OZ

GESCHENKE

Zur Geburt

Achteckiger Bilderrahmen
Babyalbum
Windelbehälter
Gerahmte Geburtsanzeige

Das Babykörbchen enthält Dinge, die für ein Neugeborenes gedacht sind: eine gerahmte Geburtsanzeige, einen achteckigen Bilderrahmen, ein Babyalbum und einen Behälter für Papierwindeln. Das Körbchen selbst ist groß genug, um einen Säugling darin zu transportieren (und kann vor dem großen Ereignis alle Geschenke aufnehmen). Vielleicht möchten Sie in den achteckigen Rahmen ein Bild einschieben, das die werdende Mutter im Säuglingsalter zeigt. Lassen Sie den zweiten Rahmen frei, so daß die Mutter ihn nach Wunsch ausfüllen kann. Es wäre sehr hübsch, wenn das erste Foto des Neugeborenen in diesen Rahmen käme. Ein weiterer idealer Platz für Fotos und besondere Erinnerungsstücke ist das Babyalbum, in dem die Zeit der Schwangerschaft dokumentiert und das erste Lebensjahr des Kindes festgehalten werden kann. Vielleicht möchten Sie mit Geschenkpapieren aber auch dekorative, zur Kinderzimmereinrichtung passende Behälter gestalten. Eine gerahmte Geburtsanzeige können Sie schon im voraus anfertigen und am Tag der Geburt ausfüllen; oder Sie übernehmen nur die Grundidee für ein Muttertagspräsent. Die Herstellung des Windelbehälters ist ein wenig kompliziert, lohnt aber die Mühe; mit Geschenkpapier der *Quilt*-Serie können Sie seine Innen- und Außenseiten passend überziehen. Außerdem lassen sich viele verschiedene Alben für das Baby oder die Familie entwerfen, wie zum Beispiel »Mein erstes Weihnachtsfest«, »Mein erster Geburtstag« usw. Wenn Sie jedes Jahr ein solches Album anfertigen, besitzen Sie hübsche Andenken, die Sie Ihrem Kind zu einem späteren Zeitpunkt, vielleicht am Tage der Hochzeit, überreichen können.

Achteckiger Bilderrahmen

MATERIAL

Geschenkpapiere von Künstlern:
Jugendstil *und* Englische Blumenmuster
fester Zeichenkarton
Künstler- oder Flintpapier in zwei kontrastierenden Farben und Strukturen
starke, transparente Plastikfolie
50 cm transparente, selbstklebende Buchfolie
Fixogum
Bleistift, Lineal
Universalmesser, Schere
Heftmaschine und Heftklammern
Zeichenkreide, Fettstift oder wasserfester Filzstift

ANLEITUNG

1. Zeichnen Sie ein Rechteck von 25 x 20 cm auf den Zeichenkarton. Dann zeichnen Sie von jeder Ecke aus zu beiden Seiten Punkte im Abstand von 4 cm ein. Wenn Sie die Punkte nun über die Ecken verbinden, erhalten Sie ein Achteck. Schneiden Sie mit Universalmesser und Lineal das Achteck aus. Übertragen Sie die Maße dieser Rückwand auf ein zweites Stück Zeichenkarton, und schneiden Sie ein weiteres Achteck zu, das als Vorderseite dient. Danach zeichnen Sie auf einem der beiden Achtecke in 4 cm Abstand vom äußeren Rand eine durchgehende Linie ein, schneiden das Innenstück aus und erhalten so ein Fenster.
2. Übertragen Sie die Maße der Vorderseite auf zwei Bögen Künstlerpapier und schneiden sie jeweils 0,5 cm kleiner zu. Auf einem Bogen zeichnen Sie in einem Abstand von 1 cm zur Fensteröffnung eine Linie ein und schneiden das Innenteil aus.
3. Wählen Sie ein Geschenkpapier und überziehen Sie es mit Buchfolie (s. allg. Arbeitsanleitungen auf S. 95).
4. Legen Sie nun die Vorder- und Rückseite des Rahmens auf die Rückseite des Geschenkpapiers, und übertragen Sie die Maße, wobei das Papier an allen Rändern um 2,5 cm überstehen sollte. Dann das Papier zuschneiden; die Fensteröffnung diagonal einschneiden und den Zeichenkarton auf die Rückseite des Geschenkpapiers kleben (s. allg. Arbeitsanleitungen); das überstehende Papier umschlagen.
5. *Bilderrahmenständer:* Schneiden Sie einen 19,5 x 5 cm langen Streifen Zeichenkarton zu. Dann bekleben Sie ihn auf beiden Seiten mit Geschenkpapier und überziehen ihn mit Buchfolie. Die Schmalseite des Streifens heften Sie in 2,5 cm Abstand von der Seite und 3 cm Abstand vom Rand an die Längsseite des Rahmens und biegen diesen Bilderrahmenständer leicht nach hinten.
6. Mit Fixogum kleben Sie nun den Hintergrund an den Rahmenrücken (links auf links) und das Passepartout auf die Vorderseite. Dann schneiden Sie zwei Fotos in ovale Formen von 4,5 x 6,5 cm und kleben sie auf den Hintergrund. Anschließend schneiden Sie aus den Blumenmuster-Geschenkpapieren einen Blütenzweig von etwa 11,5 cm Länge aus und befestigen ihn mit ein wenig Klebstoff über den beiden Fotos.
7. Legen Sie nun die Rahmenvorderseite auf die transparente Plastikfolie, und übertragen Sie die Maße. Schneiden Sie die Plastikfolie zu, ungefähr 0,5 cm innerhalb der gezogenen Linie. Dann kleben Sie die Folie auf die Rückseite der Rahmenvorderseite.
8. Verleimen Sie beide Teile des Rahmens miteinander; Passepartout und Hintergrund liegen dazwischen.

Babyalbum

MATERIAL

Geschenkpapiere von Künstlern:
Englische Blumenmuster
Passepartoutkarton
Baumwollstoff, zwei Quadrate à 23 x 23 cm
kleine geschnitzte Gans mit Schleife, ca. 8 cm hoch (erhältlich in Geschäften für Bastelbedarf)
weißer Emailleglanzlack
Acrylfarben: Weiß, Blaugrün hell, Goldgelb, Hellgrün, Grau
6 Bögen dünner Karton in verschiedenen Pastellfarben, à 50 x 70 cm
weißes Nähgarn
25 cm Musselinband, 3 cm breit
115 cm moosgrünes Seidenband, 1 cm breit
Sprühkleber, Montagekleber oder Weißleim
Fixogum, Heißpunktkleber
Bleistift, Lineal, Reißschiene
Universalmesser, Schere
Flachpinsel
feiner, spitzer Pinsel
spitze Teppichnadel

ANLEITUNG

1. Schneiden Sie mit Hilfe einer Schablone aus Karton 16 Rechtecke à 40 x 20 cm; legen Sie je vier davon aufeinander und falten sie quer zur Hälfte, so daß Sie vier quadratische Stapel erhalten.
2. Dann fädeln Sie Nähgarn in die Teppichnadel und verknoten die Enden. Entfalten Sie die Bögen, und ziehen Sie die Nadel ungefähr 5 cm vom oberen Rand entfernt durch den Falz. Mit drei langen Stichen (im Abstand von etwa 2 cm) nähen Sie jeweils 4 Bögen zusammen, verknoten den Faden und schneiden den Rest ab.

3. Nun klappen Sie die Bögen wieder zusammen und legen sie aufeinander. Achten Sie darauf, daß alle Kanten übereinstimmen. Anschließend schneiden Sie ein 20 cm langes Stück Musselinband ab, tragen Fixogum auf den äußeren Falz der Bögen auf und kleben sie in der Mitte des Bandes fest.
4. Zeichnen Sie auf Passepartoutkarton die folgenden Rechtecke auf, die Sie danach mit Hilfe von Universalmesser und Lineal ausschneiden: 20,5 x 43,5 cm; 20,5 x 21,5 cm; zwei Quadrate von 20 x 20 cm, 1 x 61,5 cm sowie 1 x 25,5 cm.
5. Kleben Sie mit Sprühkleber je ein Stück Baumwollstoff auf die 20 cm großen Quadrate aus Passepartoutkarton (s. allg. Arbeitsanleitungen auf S. 95). Das Quadrat legen Sie in die Mitte des Stoffes. Schlagen Sie zunächst dessen Ecken, anschließend die Seiten um den Karton, und kleben sie auf der Rückseite fest.
6. Jetzt ritzen Sie die übrigen Passepartoutstücke ein: Legen Sie das größte Rechteck auf Ihre Arbeitsfläche, so daß die Längsseiten oben und unten liegen. Dann ritzen Sie in jeweils 20,5 cm Abstand parallel zu den Schmalseiten eine Linie ein. Das 20,5 x 21,5 cm große Rechteck erhält auf einer Schmalseite einen Falz (Abstand zum Rand etwa 1 cm), die das Rechteck in ein 20,5 cm großes Quadrat (oberer Buchdeckel) und in einen Buchrücken von 1 x 20,5 cm unterteilt. Den 1 x 61,5 cm langen Streifen ritzen Sie in Abständen von 20,5 cm ein. Anschließend knicken Sie alle eingeritzten Stellen in rechte Winkel.
7. Dann Passepartoutteile und Gänsefigur auf einer Seite mit zwei dünnen Schichten weißem Emaillelack bestreichen.
8. Übertragen Sie die ovale Form des Hintergrunds auf die Mitte des oberen Buchdeckels, und schneiden Sie sie vorsichtig mit einem Universalmesser aus.
9. Dann setzen Sie mit Heißpunktkleber den Buchdeckel zusammen, wobei alle Teile des Passepartouts senkrecht stehen und bündig mit dem vorderen Buchdeckel abschließen sollten. Zuerst kleben Sie den kürzesten Streifen (1 x 25,5 cm) um das ovale Fenster und kürzen den Streifen so, daß seine Enden bündig miteinander abschließen. Anschließend kleben Sie den 1 x 61,5 cm langen Streifen um die Ober- und Unterkante sowie um die rechte Seite des Buchdeckels. Dann verbinden Sie die Schmalseiten des Streifens mit den Schmalseiten des überstehenden Buchrückens. So entsteht ein dreidimensionaler Buchdeckel. Tragen Sie Fixogum auf die Unterkante des ovalen Streifens auf, und kleben Sie mit Heißpunktkleber abschließend den oberen auf den unteren Buchdeckel auf.
10. Bestreichen Sie nun die Passepartoutkanten sowie die 1 cm breite Innenkante des Buchdeckels mit weißer Acrylfarbe.
11. Anschließend bemalen Sie den ovalen Hintergrund (s. Entwurf): Die oberen zwei Drittel bemalen Sie mit blauer Farbe, die Sie sofort mit Weiß verreiben. Das untere Drittel wird mit Grün bemalt, auf das Sie ein wenig Grau geben.
12. Den Schnabel und die Füße der Gans malen sie gelb an; die Schleife wird blau, das Auge grau.
13. Rund um den ovalen Ausschnitt tragen Sie nun Montagekleber auf und schneiden aus Geschenkpapier vier etwa gleiche Zweige oder Blumensträuße aus. Lassen Sie einen Rand von 0,5 cm zum Oval, und kleben Sie die beiden etwas größeren Sträuße in die unteren, die beiden kleineren Sträuße in die oberen Ecken des Buchdeckels. Bevor Sie ihn mit einer weiteren Schicht Montagekleber versehen, verbinden Sie die Sträuße mit aufgemalten hellgrünen Stengeln, Ranken und Blättern.
14. Nun bestreichen Sie den gesamten Buchdeckel und die Gans mit mehreren Schichten Montagekleber.
15. Kleben Sie die Gans mit Fixogum in die Mitte des ovalen Ausschnitts.
16. Schneiden Sie ein etwa 35 cm langes Stück Seidenband ab und kleben die Enden mit Heißpunktkleber auf die Innenseite des Buchrückens.
17. Geben Sie Fixogum auf das Musselinband, das die Bögen verbindet, und kleben es von innen gegen den Buchrücken.
18. Anschließend kleben Sie mit Fixogum die stoffbezogenen Quadrate auf die Innenseiten der Buchdeckel.
19. Mit dem übrigen Seidenband den Buchrücken bekleben; mit Montagekleber versiegeln.

Entwurf für den ovalen Hintergrund des Babyalbums (Vorlage in Originalgröße)

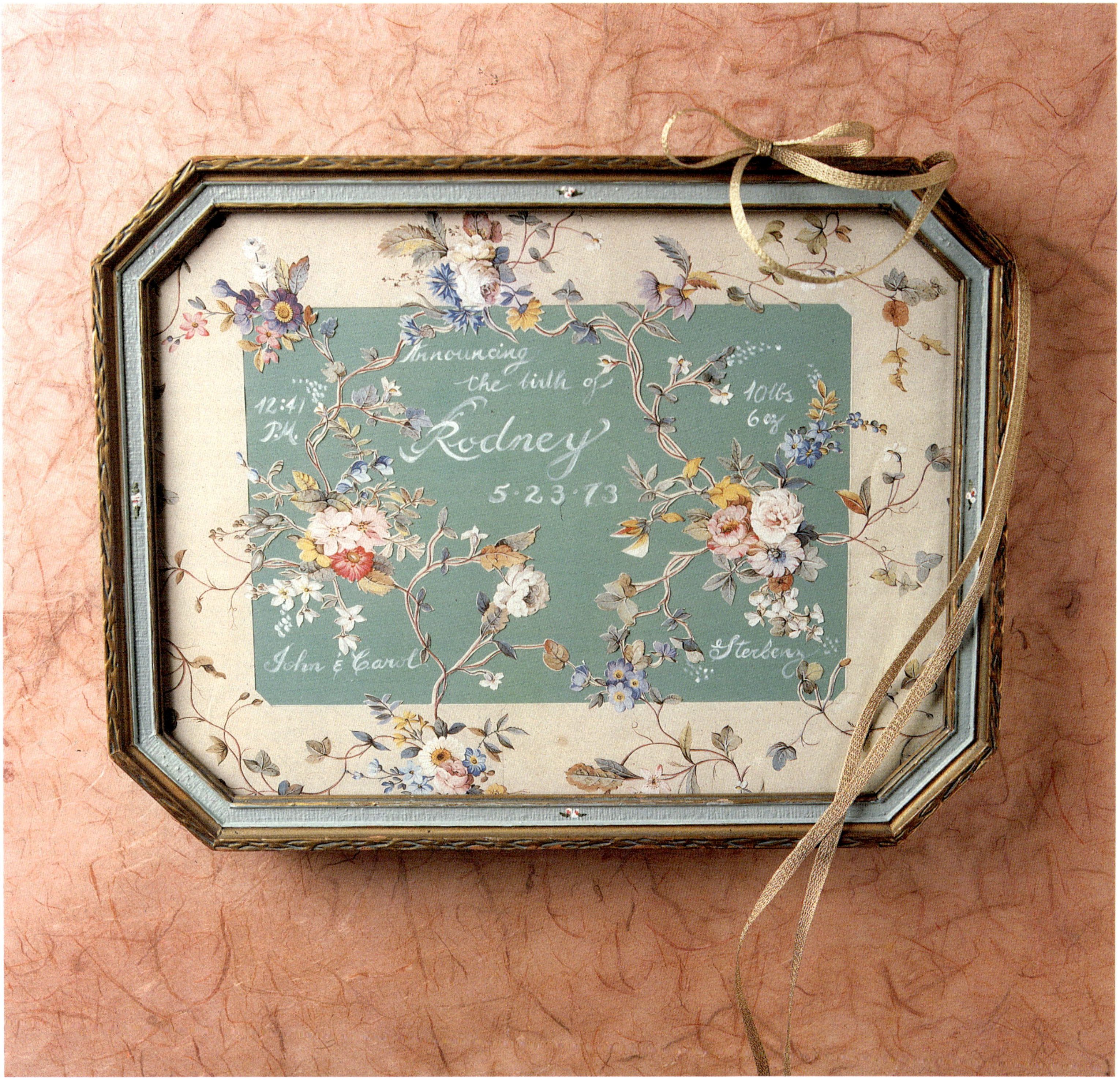
Announcing
the birth of
12:41
P.M.
10 lbs
6 oz
Rodney
5·23·73
John & Carol
Sterbenz

Windelbehälter

MATERIAL

Geschenkpapiere von Künstlern: Quilts *und* Englische Blumenmuster
Baumwollstoff, 90 cm, 120 cm breit
Passepartoutkarton
45 cm grob geripptes Seidenband mit Picotrand
wasserfester Filzstift
Sprühkleber, Fixogum

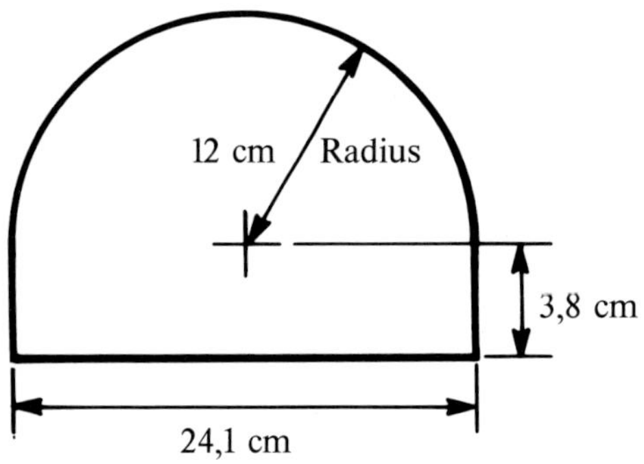

Schema für die Seitenteile des Deckels

Zirkel
Bleistift, Lineal, Reißschiene
Universalmesser, Schere
Heißpunktkleber

ANLEITUNG

1. Zunächst zeichnen Sie auf Passepartoutkarton verschiedene Vorlagen auf. Verwenden Sie dazu einen Zirkel, eine Reißschiene und einen Bleistift. Für den Deckel des Behälters benötigen Sie ein 24,1 x 46,3 cm großes Rechteck; für die beiden Seitenteile des Deckels je einen Halbkreis mit einem Radius von 12 cm, der mit einem Rechteck von 24,1 x 3,8 cm an der geraden Kante verbunden ist (s. Schema). Für den Boden des Behälters zeichnen Sie ein Quadrat von 24,1 cm Kantenlänge und für die Seitenteile ein 7,6 x 96,4 cm großes Rechteck.

2. Alle Teile mit dem Universalmesser zuschneiden.

3. Beziehen Sie nun das Geschenkpapier, das als Futter des Behälters dienen soll, mit transparenter Buchfolie (s. allg. Arbeitsanleitungen auf S. 95).

4. Legen Sie die Schablonen des Deckels und der Deckelseiten auf die Rückseite des laminierten Geschenkpapiers, und übertragen Sie die Maße. Das Geschenkpapier entlang der markierten Linien ausschneiden. Dabei das Papier für den Deckel an den Schmalseiten um 0,6 cm verkürzen und die Längsseiten um 1,2 cm verlängern; für die Seitenteile des Deckels das Papier entlang der geraden Kanten ebenfalls um 0,6 cm kürzer zuschneiden. Anschließend mit einer Reißschiene und einem Bleistift folgende Rechtecke auf die Rückseite des Geschenkpapiers aufzeichnen: für Rückseite/Boden/Vorderteil: ein Rechteck von 25,4 x 38 cm; für die Seitenteile zwei Rechtecke à 6,9 x 24,1 cm. Legen Sie die Stücke für das Futter beiseite.

Anmerkung: Möglicherweise möchten Sie das Äußere des Windelbehälters ebenfalls mit Geschenkpapier verkleiden. Wenn das der Fall ist, ersetzen Sie in den Schritten 5, 7 und 8 den Stoff durch laminiertes Geschenkpapier.

5. Dann legen Sie den Deckel und die Dekkelseiten auf die Rückseite des Stoffs, die geraden Kanten 2,5 cm von dessen Schnittkante entfernt, und übertragen die Maße. Den Stoff zuschneiden, dabei an den geraden Kanten 1,2 cm zugeben und an den runden Kanten 0,3 cm wegnehmen.

6. Nun können Sie den Deckel zusammensetzen: Mit Heißpunktkleber befestigen Sie die Längskanten des Deckels an den gerundeten Seitenteilen.

7. Sprühkleber auf die Rückseite des Stoffes für den Deckel geben und den Stoff auf die entsprechende Schablone kleben. Schlagen Sie den an den Schmalseiten überstehenden Stoffrand nach innen um. Danach schneiden Sie im Abstand von 1,2 cm je 1,2 cm tiefe Streifen in den seitlich überstehenden Stoff und pressen ihn gegen die Seitenteile. Anschließend besprühen Sie auch den Stoff für die Seitenteile und kleben ihn im Abstand von 0,3 cm zum Rand auf die Seitenteile. Die gerade Unterkante ziehen Sie straff und kleben sie innen auf den Seitenteilen fest.

8. Nun schneiden Sie ein Quadrat von 44,4 cm Kantenlänge aus dem Stoff aus, besprühen die Rückseite mit Kleber und plazieren den Boden des Behälters in die Mitte des Stoffs. Klappen Sie den Stoff nach innen um, und befestigen Sie ihn mit Fixogum.

9. Bringen Sie den Deckel so in Position, daß der hintere Rand mit dem hinteren Rand des Behälters abschließt und Behälter und Deckel in einem rechten Winkel zueinander stehen. Legen Sie nun Bücher oder andere Gegenstände unter und hinter den

Deckel, um ihn in dieser Position zu halten. Danach fertigen Sie ein Scharnier an: Schneiden Sie aus Stoff ein 6,3 x 22,8 cm großes Rechteck, das Sie der Länge nach falten (links auf links) und mit Fixogum gegen die Innenseiten von Deckel und Behälter kleben.

10. Schneiden Sie zwei 15,2 cm lange Stücke Seidenband zu. Kleben Sie eins der Bänder mit Heißpunktkleber an einem Ende an eine Deckelseite, mit einem Abstand von 7,6 cm zur hinteren Ecke, und befestigen Sie das andere Ende auf der Innenseite des Behälters. Wiederholen Sie den Vorgang auf der anderen Seite mit dem zweiten Band. Die Bänder halten den Deckel und verhindern, daß er beim Öffnen des Behälters nach hinten fällt.

11. Das restliche Seidenband in der Mitte falten, die 3,8 cm lange Schlaufe an die Innenseite des Deckels kleben und an die Außenseite führen. Dort wird sie auf 1,2 cm Abstand vom Rand fixiert.

12. Schneiden Sie das Futter des Deckels entlang der markierten Linien alle 1,2 cm etwa 0,6 cm tief ein.

13. Anschließend kleben Sie die Futterteile mit Fixogum auf die Innenseite des Behälters (s. allg. Arbeitsanleitungen). Zunächst setzen Sie das Futter des Deckels ein, wobei die eingeschnittenen Streifen in die Deckelseiten reichen, und befestigen dann deren Futter. Dann legen Sie das Futter für Vorderseite/Boden/Rückseite in das Innere des Behälters ein und falzen es entlang der Innenkanten. Die an den Seiten überstehenden Papierränder schneiden Sie ein und klappen sie um 0,6 cm gegen die Seiten hoch. Dann kleben Sie die kleineren Futterstücke auf die Innenseiten.

14. Für das Schmucktäfelchen aus Passepartoutkarton ein Oval von 5 x 7 cm zuschneiden. Die Kanten mit wasserfestem Filzstift umranden. Aus dem Geschenkpapier ein kleines Blumenmotiv ausschneiden und auf das Schmucktäfelchen kleben; mit Fixogum auf der Vorderseite des Deckels befestigen (s. Foto).

Gerahmte Geburtsanzeige

MATERIAL

Geschenkpapiere von Künstlern:
Englische Blumenmuster
Flintpapier in einer passenden Farbe
weiße, verdünnte Acryl- oder Ölfarbe
Pattex
Bleistift, Lineal, Pauspapier
Kreidepapier in Weiß oder einem hellen Farbton
Universalmesser; kleine, spitze Schere
Büroklammern
feiner, spitzer Pinsel, Zahnstocher
Rahmen mit Glas, ca. 23 x 30 cm

ANLEITUNG

1. Wählen und verstärken Sie ein Geschenkpapier (s. allg. Arbeitsanleitungen auf S. 95).

2. Die Maße des Rahmens (hier 23 x 30 cm) auf Geschenkpapier übertragen, ausschneiden.

3. Mit Bleistift und Lineal vorsichtig die Fensteröffnung von 15 x 23 cm einzeichnen. Ziehen Sie quer über jede Ecke eine diagonale Linie von 1,2 cm Länge, und entfernen Sie die früheren Eckmarkierungen.

4. So gestalten Sie die Fensteröffnungen filigran: Legen Sie das Passepartout aus Geschenkpapier auf Ihre Arbeitsfläche, und schneiden Sie den Hintergrund mit einem Universalmesser aus, wobei Sie aber einzelne Blumen, Ranken und Blätter stehenlassen. Eventuell einzelne Motive mit einer spitzen Schere genau zuschneiden. Achten Sie darauf, daß in der Mitte des Passepartouts eine freie Fläche für den Schriftzug entsteht.

5. Passepartout auf Flintpapier legen und die Umrißlinien übertragen. Die beiden Blätter mit Büroklammern zusammenhalten.

6. Pauspapier über Passepartout und Flintpapier legen und mit Bleistift vorsichtig die Umrisse der Fensteröffnung einzeichnen. Den gewünschten Text in die freien Flächen schreiben. Verwenden Sie eine schlichte Schrift. Wenn Sie möchten, können Sie die Anfangs- und Endbuchstaben verzieren. Den Namen in die größte freie Fläche schreiben. Anschließend die übrigen Flächen mit den weiteren Angaben ausfüllen.

7. Wenn sie mit dem Arrangement Ihres Textes zufrieden sind, legen Sie ein Kreidepapier unter das Pauspapier (Kreideseite nach unten). Vorsichtig alle Schriftzüge nachziehen und auf das Flintpapier übertragen. Anschließend Pauspapier, Kreidepapier und Passepartout entfernen.

8. Mit einem feinen Pinsel und verdünnter weißer Farbe die Schrift noch einmal nachziehen und trocknen lassen.

9. Passepartout umdrehen. Mit einem Zahnstocher etwas Pattex auf die Rückseiten der Motive und um die Fensteröffnung tupfen. Dann legen Sie das Passepartout auf das Flintpapier, wobei die Außenkanten mit den Bleistiftlinien des Flintpapiers übereinstimmen sollten, und lassen den Klebstoff trocknen.

10. Abschließend das Flintpapier auf die Maße des Passepartouts zuschneiden und hinter das Glas des Rahmens schieben.

Our Wedding

GESCHENKE

Zur Hochzeit

Picknickkorb
Ringbuch und Sammelmappe
mit Schuber
Hülle für eine Vase
Hochzeitsalbum

Der einfache weiße Picknickkorb, hübsch herausgeputzt mit einem Strauß Seidenblumen und einem ausgeschnittenen Geschenkpapierbukett, enthält die Zutaten für ein gemütliches Frühstück in den Flitterwochen. Für Frischvermählte bieten sich die beiden Haushaltsbücher mit Schuber als Geschenk geradezu an. Das bezogene Ringbuch und die aufklappbare Sammelmappe sind ideale Helfer bei der Organisation des neuen Haushalts, die Mappen können aber auch als Rezept- und Kochbuch verwendet werden oder Ferienerinnerungen bewahren. Auch das hübsche Album und die dazu passende Vasenhülle sind sehr persönliche Hochzeitsgeschenke, die sicher großen Anklang finden.

Picknickkorb

MATERIAL

Geschenkpapiere von Künstlern:
Englische Blumenmuster
kleiner Picknickkorb mit Deckel und Griff
weißer Emailleglanzlack
Montagekleber oder Weißleim
blattgrüne oder olivgrüne Farbe
Sprühklarlack
ein Strauß kleiner, weißer Seidenblumen
etwa 35 cm blaues Seidenband, 1 cm breit
Heißpunktkleber
breiter Flachpinsel
feiner, spitzer Pinsel

ANLEITUNG

1. Streichen Sie den gesamten Korb mit drei bis vier Schichten weißer Emaillefarbe. Verwenden Sie dazu einen breiten Flachpinsel, oder sprühen Sie die Farbe direkt auf. Die Farbe nach jedem Auftragen gut trocknen lassen.
2. Wählen und verstärken Sie ein Geschenkpapier mit Blumenmuster (s. allg. Arbeitsanleitungen auf S. 95).
3. Aus Geschenkpapier einige Blumenmotive mit Blättern und Stengeln ausschneiden und anschließend in folgender Reihenfolge aufkleben: zuerst einige Blumen in einem schwungvollen Bogen über die Vorderseite des Körbchens kleben, dann den Deckel öffnen und die Innenseite mit einem Muster aus verschiedenen Blumen bekleben, die zu den Seiten und nach oben (wie Radspeichen) auseinanderstreben. Drücken Sie zum Schluß die kleinen Papierschnipsel gut an.
4. Dann verlängern Sie mit grüner Farbe und einem feinen Pinsel die Stengel der Zweige nach unten. Dadurch werden die Blumen wie in einem Bukett zusammengefaßt.
5. Anschließend geben Sie mindestens zwei Schichten Montagekleber oder Sprühklarlack auf beide Flächen.
6. Das Seidenband binden Sie zu einer einfachen Schleife und kleben den Knoten mit Heißpunktkleber über die aufgemalten Stengel. Danach fixieren Sie jedes Band mit Heißpunktkleber an drei verschiedenen Stellen, so daß es sich leicht kräuselt.
7. Anschließend zerschneiden Sie einen Strauß Seidenblumen in einzelne Zweige und kleben diese über die Blüten aus Geschenkpapier. So entsteht ein Eindruck von Tiefe.

Ringbuch und Sammelmappe mit Schuber

MATERIAL

Geschenkpapiere von Künstlern:
William Morris
(Anmerkung: *Für das hier gezeigte Set benötigen Sie drei identische Geschenkpapierbögen. Sie können statt dessen aber auch drei verschiedene, zueinander passende Bögen verwenden.)*
2,30 m transparente, selbstklebende Buchfolie
kleines Ringbuch, 19 x 25 cm
Sammelmappe, 24 x 19 cm
fester Karton
Karton in passender Farbe zum Geschenkpapier
weiße Acrylfarbe
feiner schwarzer Filzstift, wasserfest
1,15 m weiße Spitze oder Borte
60 cm weißes Satinband, 1 cm breit
Heißpunktkleber
Fixogum
Bleistift, Lineal
Universalmesser, Schere
feiner, spitz zulaufender Pinsel

ANLEITUNG

1. Drei Bögen Geschenkpapier mit selbstklebender Buchfolie überziehen (s. allg. Arbeitsanleitungen auf S. 95).
2. *Ringbuch:* Legen Sie das geöffnete Ringbuch flach auf die Rückseite des Geschenkpapiers. Die Maße übertragen, die Ecken des Buchrückens einzeichnen und das Papier mit 2,5 cm Zugabe ausschneiden. Danach das Papier an den Markierungen für den Buchrücken einschneiden, das Stück zwischen den Einschnitten 2,5 cm weit nach innen umschlagen und mit Fixogum festkleben. Anschließend das Geschenkpapier auf die Vorder- und Rückseite des Ringbuchs kleben (s. allg. Arbeitsanleitungen) und die überstehenden Kanten ebenfalls nach innen umschlagen. Schließen Sie das Ringbuch und übertragen Sie die Maße der Vorder- und der Rückseite auf Geschenkpapier. Schneiden Sie beide Stücke rundum 0,5 cm kleiner aus, und kleben Sie die Stücke auf die vorderen bzw. hinteren Innenseiten des Ringbuchs, und zwar in deutlichem Abstand von den Ringen.
3. *Sammelmappe:* Verstärken Sie die Verschlußlasche mit Zeichenkarton, den Sie zuerst auf gleiche Größe zuschneiden und danach mit Fixogum auf die Lasche kleben. Danach legen Sie die geöffnete Sammelmappe flach auf die Rückseite des Geschenkpapiers, übertragen die Maße und zeichnen die Stelle ein, an der die Lasche ansetzt. Das Papier mit 2,5 cm Zugabe ausschneiden, wobei Sie auf Höhe der Markierungen Einschnitte machen, das Papier

2,5 cm weit nach innen umklappen und mit Fixogum ankleben. Anschließend das Geschenkpapier auf die Rückseite der Mappe und die Außenseite der Lasche kleben und die überstehenden Kanten nach innen umschlagen. Die Lasche auf die Rückseite des Geschenkpapiers legen und die Maße übertragen. Beim Zuschneiden die Unterkante um 1 cm verlängern und alle anderen Seiten um 0,5 cm verkürzen (Innenverkleidung). Danach das Papier auf die Innenseite der Lasche kleben. Schneiden Sie auch das Papier für die Vorderseite der Mappe zu und kleben es fest.

4. *Schuber: (Anmerkung:* Die folgenden Maße entsprechen den hier vorgegebenen Größen von Ringbuch und Sammelmappe. Wenn Sie andere Größen verwenden wollen, müssen Sie die Maße des Schubers entsprechend anpassen.) Schneiden Sie aus dickem Zeichenkarton folgende Rechtecke zu: zweimal 19 x 26 cm (Seiten), zweimal 8,8 x 19 cm (Ober- und Unterseite), und einmal 8,8 x 26 cm (Rücken). Dann verbinden Sie die Teile mit Heißpunktkleber, zuerst die Ober- und Unterseiten mit den Seiten, danach mit dem Rücken. Anschließend aus laminiertem Geschenkpapier folgende Rechtecke zuschneiden: einmal 27,9 x 53,3 cm und zweimal 7,9 x 21,5 cm. Das große Stück Papier über die Seiten und den Buchrücken kleben (s. allg. Arbeitsanleitungen), wobei die überstehenden Kanten nach innen um den Zeichenkarton geschlagen werden. Auf die gleiche Weise die Ober- und Unterseite des Schubers mit den kleineren Rechtecken bekleben. Sie können auch zusätzlich einen 5 x 68,5 cm langen Streifen Geschenkpapier zuschneiden und damit das Innere des Schubers bekleben.

5. *Etiketten:* Schneiden Sie aus festem Karton drei Rechtecke von 4 x 5 cm zu, die Sie dann mit Bleistift beschriften können. Wenn Sie mit Ihrer Beschriftung zufrieden sind, ziehen Sie die Buchstaben mit schwarzem Filzstift nach. Die Ecken der Etiketten können Sie mit dekorativen Schnörkeln verzieren. Danach kleben Sie von hinten die Borte rund um die Etiketten. Anschließend das Seidenband auf 18 cm Länge zuschneiden, in der Mitte falten und die Enden hinter dem Etikett festkleben, so daß Hänger entstehen, die an der Unterkante des Etiketts überstehen. Abschließend kleben Sie die Etiketten mit Fixogum auf die jeweiligen Buchrücken.

Hülle für eine Vase

MATERIAL

Geschenkpapiere von Künstlern:
Englische Blumenmuster
dünne Korkplatte
transparente, selbstklebende Buchfolie
Fixogum
Heißpunktkleber
Bleistift, Lineal, Bandmaß
Universalmesser, Schere
Einmachglas, Dose oder Vase

ANLEITUNG

1. Zunächst schneiden Sie die Korkplatte aus: Zeichnen Sie ein Rechteck auf, das 1,5 cm höher und 2,5 cm breiter ist als Höhe und Umfang des Gefäßes, und schneiden Sie es mit Hilfe von Lineal und Universalmesser aus.
2. Wählen Sie ein Geschenkpapier, und legen Sie es mit der Rückseite nach oben auf Ihre Arbeitsfläche. Das Korkstück darauflegen und die Maße übertragen. Das Geschenkpapier mit einer Zugabe von 2,5 cm ausschneiden und als Schablone für die Buchfolie verwenden, die Sie ebenfalls zuschneiden.
3. Das Geschenkpapier auf die Korkplatte kleben (s. allg. Arbeitsanleitungen auf S. 95) und die überstehenden Ränder nach hinten umschlagen.
4. Die Schmalseiten der beklebten Korkplatte zu einer zylindrischen Hülle für die Vase biegen. Die Kanten sollten sich um 1 cm überlappen und werden mit Heißpunktkleber fixiert.
5. Jetzt beziehen Sie die Vasenhülle mit transparenter Buchfolie, deren Schmalseiten sich ebenfalls überlappen sollten, und schlagen die überstehende Folie nach innen um.
6. Danach füllen Sie die Vase mit Wasser und schieben die Hülle vorsichtig darüber. Abschließend arrangieren Sie die Blumen.

Hochzeitsalbum

(Siehe Anleitung auf S. 38)

Recipes
His
Wine Labels
APRICOT
OLIVA
SAINT-EMILION
1982
1985

GESCHENKE

Präsente für »Ihn«

»Weinetikettenbuch«
Sammelmappe für Rezepte

Es wäre mir früher nie in den Sinn gekommen, einem Mann einen Präsentkorb zu schenken – bis mir eines Tages klar wurde, daß man ihn durchaus mit kleinen Geschenken füllen kann, die sich auf »sein« Hobby beziehen. Bei der Vorbereitung dieses Präsentkorbs habe ich mich allerdings an einen Experten gewandt, nämlich an Jonathan Randall von *Jonathan's* bei Huntington, New York. Da mein Mann John (im Gegensatz zu mir) ein begeisterter Hobbykoch ist, benötigte ich etwas Hilfe bei der Zusammenstellung besonders feiner Zutaten, die man gewöhnlich nicht im Haus hat. Jonathan schlug folgende Kombination vor: getrocknete Steinpilze, Himbeeressig, frische Schalotten, frische Kräuter, Kaffeebohnen, Olivenöl und französischen Senf. Die Sammelmappe läßt sich ganz leicht in ein Rezeptbuch verwandeln, und das Weinetikettenbuch können Sie zusammen mit einem guten Wein verschenken. Falls »Er« gern backt, bietet sich ebenfalls eine Fülle von Möglichkeiten. Sie können aber genausogut einen Präsentkorb für einen Hobbygärtner zusammenstellen, etwa eine Hülle für »sein« liebstes Gartenbuch anfertigen oder ein Gartentagebuch mit Pflanzzeiten anlegen. Blättern Sie dazu einmal in den *Englischen Blumenmustern*. Vielleicht finden Sie darin sogar Blumen, die zu »seinem« Garten passen. Aus dem Papier können Sie kleine Briefumschläge falten, in denen man Blumensamen aufbewahren kann.

Recipes
His
Wine Labels
1985

»Weinetikettenbuch«

(Siehe Anleitung auf S. 23).

Sammelmappe für Rezepte

MATERIAL

Geschenkpapiere von Künstlern: Quilts
Sammelmappe
Passepartoutkarton
70 cm transparente, selbstklebende Buchfolie
ein alter Druck oder Stich für das Etikett
Kalligraphiestift mit breiter Spitze
100 cm schwarze Seidenkordel
Fixogum
Bleistift
Lineal
Universalmesser

ANLEITUNG

1. Legen Sie die Sammelmappe auf Passepartoutkarton, und übertragen Sie die Maße.
2. Zeichnen Sie im Abstand von 0,3 cm zur ersten Linie eine zweite Linie auf und markieren an den unteren Ecken die Stützfüße (s. Schema). Anschließend mit Universalmesser und Lineal die Figur entlang der Umrißlinien ausschneiden.
3. Mit dieser Schablone eine zweite identische Figur für die Rückseite ausschneiden.
4. Die Kartonteile legen Sie auf die Rückseite des Geschenkpapiers, übertragen deren Maße und schneiden das Papier mit einer Zugabe von 2,5 cm aus.
5. Beziehen Sie das Geschenkpapier mit transparenter Buchfolie.
6. Kleben Sie das Geschenkpapier auf den Passepartoutkarton (s. allg. Arbeitsanleitungen auf S. 95), und schneiden Sie danach das Papier an den Ecken und entlang der Rundungen bis zum Karton ein. Danach befestigen Sie die Kanten des Papiers mit Fixogum auf der Rückseite des Kartons.
7. Nun kleben Sie das Vorder- bzw. Rückenteil auf die Sammelmappe, so daß die Stützfüße über den Boden hinausragen.
8. Danach schneiden Sie aus unbehandeltem Geschenkpapier zwei Futterstücke, die etwas kleiner sind als der Ordner, und kleben sie von innen gegen die Vorder- und Rückwand.
9. Wählen Sie aus einem alten Buch oder einer Zeitschrift einen kleinen Schwarzweißdruck oder -stich aus, und kleben Sie ihn auf die Vorderseite der Sammelmappe. Darunter setzen Sie einen gleichfarbigen Papierstreifen und beschriften ihn mit dem Kalligraphiestift.
10. Schneiden Sie die Kordel in zwei gleiche Teile, die Sie durch zwei kleine Löcher in der Vorder- und Rückwand ziehen (s. Abb. S. 78).

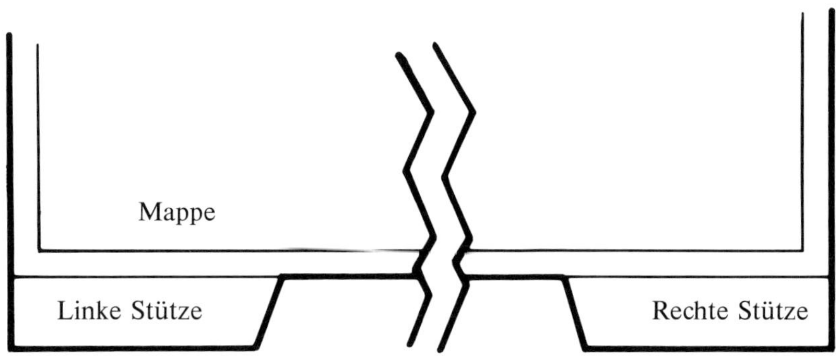

Schema für Sammelmappe (Vorlage in Originalgröße)

GESCHENKE

Für die Kinder

Pappmaché-Puppen
»Brüderchen und Schwesterchen«
Dinosaurier

Für Liebende und Freunde

Kästchen für Liebesbriefe
Modeschmuck

Kinder lieben es, mit den Händen zu arbeiten, und werden von den faszinierenden Farben und Mustern der verschiedenen Geschenkpapiere begeistert sein. »Brüderchen und Schwesterchen« bestehen aus bemaltem und verziertem Pappmaché, aber Sie können sowohl die Puppen als auch die Dinosaurier leicht aus festem Karton herstellen, indem Sie einfach die entsprechende Schablone auf den Karton legen, die Umrisse übertragen und die Formen dann mit einem Universalmesser ausschneiden. Danach mit Geschenkpapier bekleben.

Wenn Sie Ihre Liebesbriefe und Karten in einem besonderen Kästchen aufbewahren, werden Sie ganz bestimmt noch mehr Freude an ihnen haben. Unser Kästchen wurde mit dem Muster ›Weidenzweig‹ von *William Morris* verziert und zusätzlich mit einem Rosen-Glanzbild geschmückt. Ein Entwurf der *Wiener Werkstätte* diente als Inspiration für den selbstgefertigten Modeschmuck. Die Muster auf den Armreifen und Ohrringen habe ich von Hand aufgemalt, das Muster des Geschenkpapiers diente lediglich als Vorlage für Farben und Proportionen.

Pappmaché-Puppen »Brüderchen und Schwesterchen«

MATERIAL

Geschenkpapiere von Künstlern:
Englische Blumenmuster
Pappmaché (erhältlich in Geschäften für Künstlerbedarf)
Acrylfarbe: Fleischfarben, Gelb, Braun oder andere gewünschte Haarfarbe, Weiß, Hellgrün, Blau
Aquarellfarbe in Tuben: Pfirsich, Pink, Blaugrün
feiner, schwarzer Filzstift, wasserfest
Montagekleber oder Weißleim
weißer Stoff
25 cm dunkelrosa Band, ca. 1,5 cm breit
kleine, getrocknete Blüten
Bleistift, Pauspapier
Universalmesser, Backblech
Nagelfeile, Flachpinsel
feiner, spitzer Pinsel

ANLEITUNG

1. Übertragen Sie die Vorlagen auf Pauspapier, und schneiden Sie sie aus.
2. Mischen Sie entsprechend der Anleitung des Herstellers das Pappmaché an, und rollen Sie es auf einem Backblech zu einer Dicke von 0,5 cm aus.
3. Die ausgeschnittene Vorlage auf das Pappmaché legen und die Form ausschneiden, danach die Vorlage wieder entfernen.
4. Modellieren: Für die Schuhe des Jungen verwenden Sie je eine kleine Kugel Pappmaché, die Sie auf das untere Ende der Beine drücken und an der Unterkante abflachen. Auch das Mädchen erhält einen dreidimensionalen rechten Fuß. Für die Haare

Schablone für die Puppe »Brüderchen«

Schablone für die Puppe »Schwesterchen«

etwas Pappmaché nehmen und um den Kopf der Puppen entsprechend modellieren. Mit der Nagelfeile ›kämmen‹ Sie die Haare des Jungen; mit der Spitze der Feile ›kräuseln‹ Sie die Locken des Mädchens. Anschließend eine winzige Pappmachékugel als Nase in die Mitte der Gesichter drücken und mit der Spitze des Stifts die Nasenlöcher und Vertiefungen für die Augen einarbeiten.

5. Pappmaché von beiden Seiten gut trocknen lassen.

6. Die Rückseiten mit Aquarellfarben bemalen: das Mädchen pfirsichfarben, den Jungen hellgrün.

7. Jetzt werden die Vorderseiten bemalt: Zuerst tragen Sie mit dem flachen Pinsel die Farben von Kleidung, Haut und Schuhen auf (Sie können das Foto als Vorlage nehmen oder eine eigene Farbzusammenstellung wählen). Die Augen werden zunächst mit einem feinen Pinsel weiß ausgemalt und erhalten nach dem Trocknen einen Tupfen Farbe für die Iris.

8. Nach dem Trocknen zeichnen Sie mit Filzstift die Pupillen und die Wimpern des Mädchens.

9. Danach tragen Sie mit Aquarellfarbe und dem feinen Pinsel weitere Details auf: pfirsichfarbene Wangen, ein rosa Kußmündchen. Dann zeichnen Sie die Krägen (mit einer Wellenkante), versehen das Hemd des Jungen mit einem blaugrünen Karomuster und das Kleid des Mädchens mit pinkfarbenen Tupfen. Anschließend deuten Sie mit leichten Strichen die Puffärmel, die Taille und die Falten des Kleidchens an.

10. Nun bekleben Sie das Kleid. Dazu schneiden Sie kleine Blüten und Blätter aus Geschenkpapier aus, verteilen sie gleichmäßig auf dem Kleid und schneiden sie dem Faltenwurf entsprechend zu, so daß sie in den Falten zu verschwinden scheinen.

11. Anschließend die Vorderseiten der Figuren mit zwei Schichten Montagekleber überziehen, dabei jede Schicht gut trocknen lassen.
12. Für den Jungen schneiden Sie aus Stoff ein 10 x 7,5 cm großes Rechteck zu, das Sie mit Montagekleber bestreichen. Die Längsseiten 0,5 cm nach hinten umschlagen; die Schmalseiten leicht zusammenpressen und dem Jungen in die Hände drücken. Die Oberkante leicht nach vorn klappen, so daß ein Beutel entsteht. Nach dem Trocknen kleben Sie einen kleinen Blütenzweig aus Geschenkpapier auf den Beutel. Anschließend versehen Sie die Oberkante des Beutels mit einer blaugrünen, gestrichelten Linie und füllen ihn mit kleinen, getrockneten Blüten, die Sie festkleben.
13. Zum Schluß binden Sie eine hübsche Schleife und kleben sie dem Mädchen ins Haar.

Dinosaurier

MATERIAL

Geschenkpapiere von Künstlern:
Quilts *(Brontosaurus) und*
Wiener Werkstätte *(Stegosaurus)*
Pappmaché oder geschäumte Kunststoffplatten
Montagekleber oder Weißleim
Acrylfarbe, passend zum Geschenkpapier
zwei kleine Holzspulen für jeden Dinosaurier
Pauspapier, Karton
Backblech
Flachpinsel
Heißpunktkleber
Nudelholz
Zellophanfolie
Universalmesser
Sprühklarlack

ANLEITUNG

1. Zunächst die Vorlagen für die Dinosaurier auf Pauspapier übertragen, auf Karton kleben und ausschneiden. (Wenn Sie statt Pappmaché lieber geschäumten Kunststoff verwenden wollen, übergehen Sie einfach die Schritte 2 bis 5.)
2. Nun mischen Sie entsprechend den Angaben des Herstellers das Pappmaché an und rollen es mit dem Nudelholz auf dem Backblech auf eine Dicke von 0,5 cm aus. Falls das Pappmaché am Nudelholz festkleben sollte, können Sie Zellophanfolie dazwischenlegen.
3. Mit Hilfe der Schablone den Dinosaurier aus Pappmaché zuschneiden; überflüssiges Pappmaché entfernen. (Falls Sie eine geschäumte Kunststoffplatte verwenden, legen Sie die Schablone auf die Platte, ziehen die Umrisse mit einem Bleistift nach und schneiden die Platte mit der Schere zu.)
4. Das Pappmaché lassen Sie nun mindestens 24 Stunden trocknen und drehen es dann auf die andere Seite, so daß auch diese völlig durchtrocknen kann.
5. Versiegeln Sie die Oberflächen mit zwei Schichten Montagekleber, der nach jedem Auftrag gut trocknen sollte.
6. Nun bemalen Sie die Kanten der Form mit Acrylfarbe und lassen sie trocknen.
7. Verstärken Sie ein Geschenkpapier (s. allg. Arbeitsanleitung auf S. 95), und legen Sie die Schablone auf die Rückseite des Papiers. Dann ziehen Sie die Umrisse nach und schneiden die Figur aus. Drehen Sie dann die Schablone um und schneiden eine zweite Form zu.
8. Danach kleben Sie mit Montagekleber das Geschenkpapier auf beide Seiten der Pappmaché- oder Kunststoffigur.

Anmerkung: Das Geschenkpapier wird sich zwar ein wenig verziehen, doch das erhöht nur den schlichten Charme der Saurier.
9. Nun versiegeln Sie die Figur mit Montagekleber. (Die Kunststoffplatte wird mit zwei bis drei Schichten Sprühklarlack überzogen; die Seiten nach jedem Auftrag gut trocknen lassen.)
10. Zum Schluß kleben Sie die Holzspulen unter die Füße der Dinosaurier. Bemalen Sie die Spulen in einer Farbe Ihrer Wahl. Nach dem Trocknen versiegeln Sie die Spulen mit Montagekleber.*

* *Anmerkung:* Sie können das Bemalen und Versiegeln vereinfachen, indem Sie einen Faden oder einen Dübel durch die Löcher der Spulen ziehen und die Spulen aufhängen.

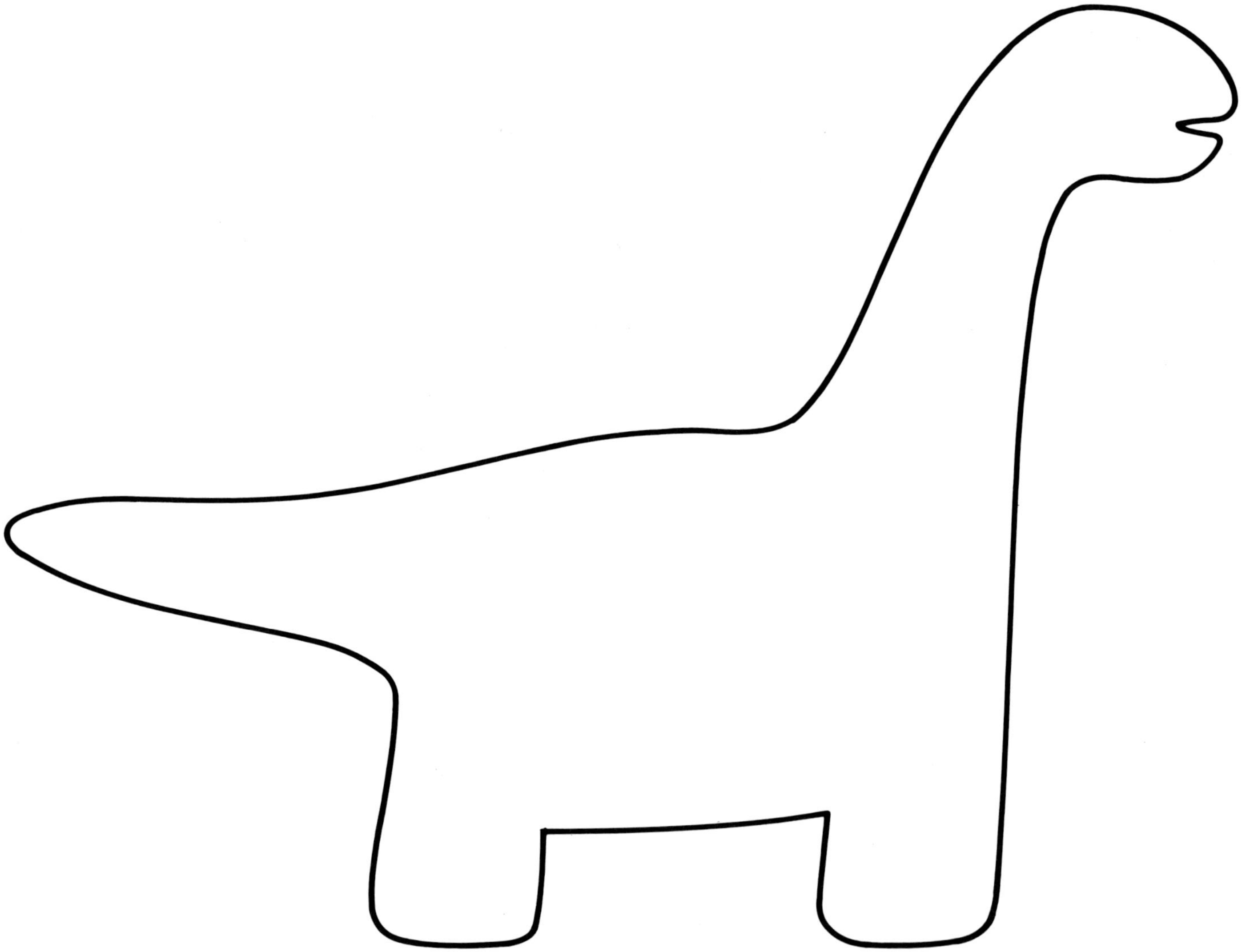

Schablone für den Brontosaurus

Schablone für den Stegosaurus

Kästchen für Liebesbriefe

ANMERKUNG

Dieses Projekt erfordert Erfahrung im Umgang mit den Materialien

MATERIAL

Geschenkpapiere von Künstlern:
William Morris, *zwei Bögen*
Zeichenkarton
45 cm feines weißes Leinen
dicker Draht
5,50 m Borte, passend zum Geschenkpapier
3,65 m Bordürenkordel in der Farbe der Borte
Glanzbild oder großes Blumenmotiv
Montagekleber oder Weißleim
Heißpunktkleber
Bleistift, Lineal, Pauspapier
Kohle- oder Graphitpapier
Universalmesser
Blechschere und Drahtzange

ANLEITUNG

1. 1. Zunächst zeichnen Sie auf Zeichenkarton ein 15,2 x 132 cm großes Rechteck, schneiden es aus und legen es beiseite. Es dient später als Seitenteil.
2. Dann übertragen Sie die Viertelschablone viermal auf Pauspapier. Die Formen ausschneiden und entlang der gestrichelten Linie zusammensetzen, so daß Sie eine komplette Grundform erhalten.
3. Nun übertragen Sie mit Hilfe von Kohlepapier die Maße der Grundform auf Zeichenkarton und schneiden sie mit Hilfe von Universalmesser und Lineal aus. Diese Form dient als Boden des Kästchens.
4. Verstärken Sie ein Geschenkpapier (s. allg. Arbeitsanleitungen auf S. 95).
5. Legen Sie den Boden auf die Rückseite des Geschenkpapiers, ziehen die Form mit einem Stift nach und schneiden sie aus. Diese Form dient als Futter für den Boden.
6. Für den Deckel schneiden Sie diese Form noch einmal aus Karton zu, allerdings mit einer Zugabe von 0,3 cm.
7. Dann legen Sie diesen Deckel auf die Rückseite des Geschenkpapiers, ziehen die Form mit einem Stift nach und schneiden sie aus (Futter des Deckels). Für die äußere Verkleidung des Deckels wiederholen Sie diesen Vorgang mit Leinen.
8. Nun bereiten Sie die Seitenwände vor: Ritzen Sie (entsprechend dem Schema auf S. 92) alle nach außen weisenden Winkel (gepunktete Linien) auf der rechten Seite des Zeichenkartons ein und alle nach innen weisenden Winkel (gestrichelte Linien) auf der linken Seite des Kartons. Dann knicken Sie den Karton entsprechend den Linien.
9. Danach kleben Sie mit Heißpunktkleber die Seitenwände am Boden fest. Achten Sie darauf, daß die Kanten bündig abschließen, und verbinden Sie die Schmalseiten.
10. Schneiden Sie über die volle Länge des Geschenkpapiers zwei 17,7 cm breite und zwei 14,6 cm breite Streifen aus. Dann kleben Sie die beiden breiteren Streifen so auf die Seitenwände des Kästchens, daß sie an der Unterkante 0,5 cm und an der Oberkante 2 cm überstehen. Achten Sie darauf, daß die Klebestellen möglichst in einem Innenknick liegen. Dann schneiden Sie das Papier an den Ecken ein und klappen es unter den Boden bzw. nach innen. Mit den beiden anderen Streifen bekleben Sie die Innenwände.
11. Nun fixieren Sie mit Heißpunktkleber die Borte entlang den Ober- und Unterkanten des Kästchens.
12. *Deckel:* Ziehen Sie in der Mitte des Deckels eine Bleistiftlinie und dazu parallel, im Abstand von je 1 cm links und rechts, eine weitere Linie. Ritzen Sie diese beiden Linien ein.
13. Kleben Sie den Stoff mit Fixogum auf die Oberseite des Deckels. Knicken Sie den Deckel entlang den eingeritzten Linien ein, damit der Stoff nicht zu sehr spannt. Anschließend bekleben Sie mit Geschenkpapier die Unterseite des Deckels. Jetzt können Sie die Borte mit Heißpunktkleber am Deckel befestigen, wobei Sie den Kanten des Randes folgen. Außerdem kleben Sie die Borte noch in Wellenlinien auf den Deckel (entsprechend der Wellenlinie in der Viertelschablone) sowie entlang der gefalzten Mittellinien.
14. Stechen Sie zwei Löcher durch den Deckel, und zwar in 1,5 cm Entfernung zum Rand auf Höhe der Mittellinie. Dann machen Sie Löcher in die Mitte von zwei einander gegenüberliegenden Seitenwänden von 10,1 cm Breite, und zwar 1,5 cm von der Oberkante entfernt.
15. *Griff:* Mit der Blechschere schneiden Sie ein 75 cm langes Stück Draht ab. Biegen Sie es um eine große, zylindrische Form zu einem Halbkreis. Den Bügel schieben Sie von außen durch die Löcher im Deckel, biegen die Enden 7,5 cm um und führen sie von innen durch die Löcher in den Seitenwänden wieder nach außen. Die Drahtenden nach oben umbiegen.
16. Danach tragen Sie in kurzen Abständen Heißpunktkleber auf den Griff auf, umwickeln ihn fest mit Bordürenkordel und sichern diese am Ende des Griffs mit zusätzlichem Klebstoff. Die übrige Kordel wickeln Sie in einer lockeren Spirale um den Griff; die Enden werden wieder fest mit Kordel umwickelt und verstärkt. Dann erhält jede Seite des Griffs eine kleine Zierschleife.
17. Kleben Sie ein Blumenmotiv oder Glanzbild auf die Vorderseite.

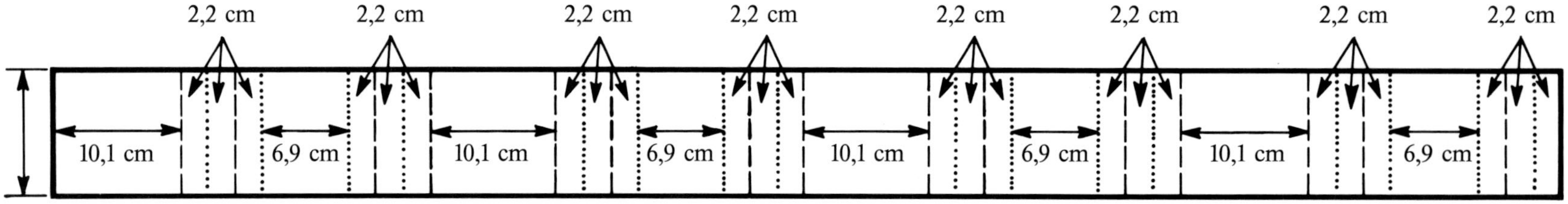

Falzschema

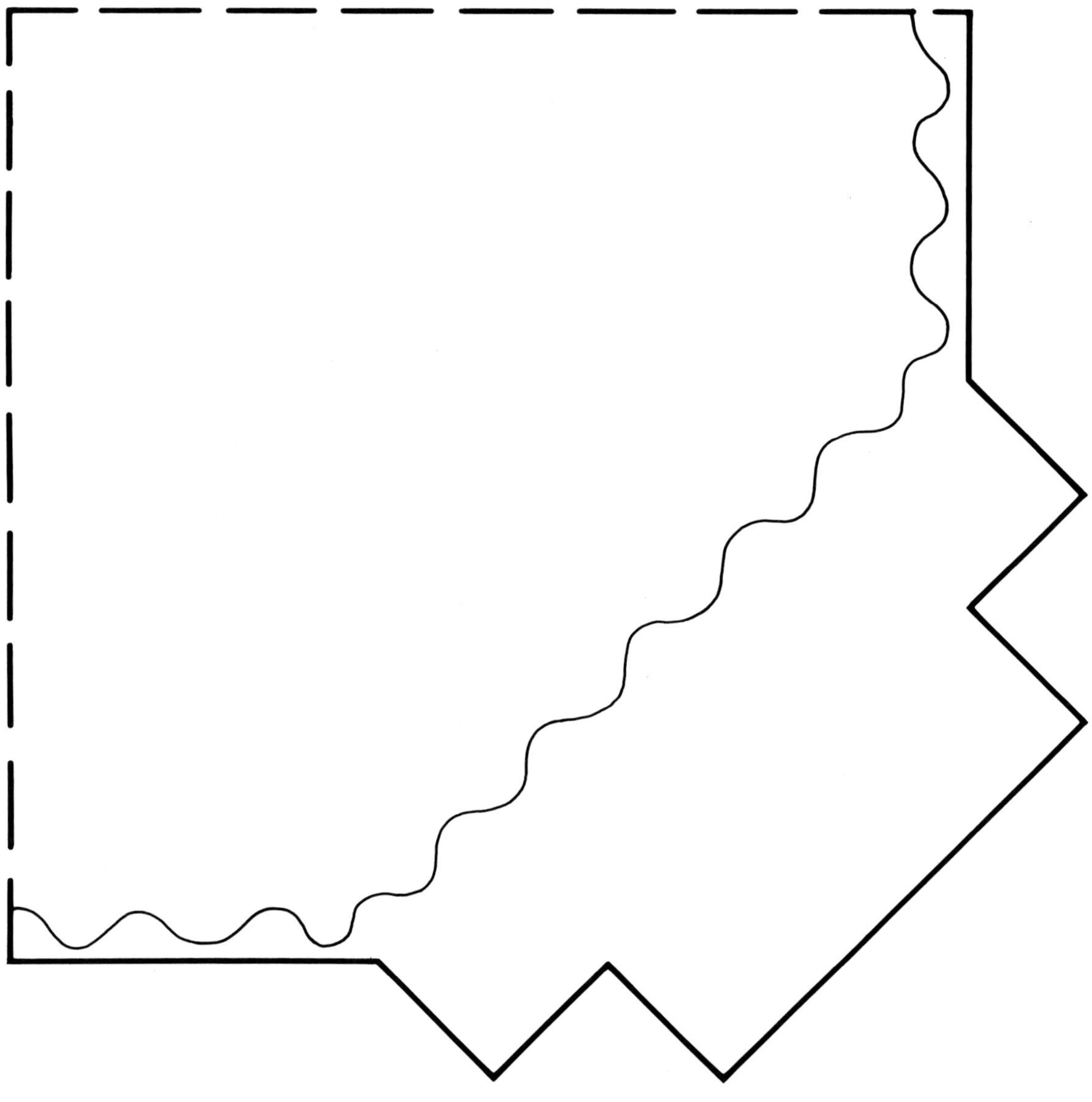

Viertelschablone für das Kästchen (Vorlage in Originalgröße)

Modeschmuck

MATERIAL

Geschenkpapiere von Künstlern:
Wiener Werkstätte
fester Karton
Holzperlen: ein Herz, ca. 1 cm dick und 4 cm hoch, mit einer vertikalen Bohrung in der Mitte; 18 runde Perlen von 12 mm Durchmesser (erhältlich in Geschäften für Bastelbedarf)
Modeschmuck-Ohrringe: Drahtring oder Spirale mit farbigem Emaille-Überzug und einem Clip, Stecker oder Hänger
zwei kleine Drahtringe
schwarzer Emaillelack auf Ölbasis, schnelltrocknend
Acrylfarben (Liquitex): Hansa-Gelb hell, Titan-Weiß, Permanentblau hell, Portraitrosa hell
schwarzer Filzstift, wasserfest
90 cm schwarze Satinkordel
Heißpunktkleber
Montagekleber oder Weißleim
Sprühklarlack
Bleistift, Zirkel
Universalmesser
Flachpinsel; feiner, spitzer Pinsel

ARMREIF

1. Zunächst schneiden Sie aus Karton zwei Quadrate mit einer Kantenlänge von 11,4 cm und vier Rechtecke à 2,5 x 11,4 cm.
2. Auf ein Quadrat zeichnen Sie nun zwei Diagonalen und ermitteln so den Mittelpunkt. Von diesem Mittelpunkt aus ziehen Sie mit dem Zirkel einen Kreis mit einem Radius von 3,1 cm. Für kleine, schlanke Hände ziehen Sie einen weiteren Kreis mit einem Radius von 2,8 cm; für kräftigere Hände einen Kreis mit einem Radius von 3,4 cm. Schneiden Sie zunächst den kleinsten Kreis aus; dabei arbeiten Sie mit dem Universalmesser und drehen eher den Karton als das Messer. Anprobe: Ihre Hand sollte gerade eben durch die Öffnung passen. Falls dies nicht der Fall ist, schneiden Sie den nächstgrößeren Kreis aus. Probieren Sie so lange, bis die Größe stimmt, und verwenden Sie die ausgeschnittenen Kreise später für die Ohrringe.
3. In das zweite Quadrat eine identische Öffnung schneiden.
4. Nun versehen Sie alle Kartonteile mit zwei Schichten schwarzem Emaillelack.
5. Bestreichen Sie dann mit Heißpunktkleber die Außenkante eines Quadrates und setzen die Längskante eines Rechtecks rechtwinklig dagegen. Auf die gleiche Weise verbinden Sie die anderen drei Rechtecke mit diesem Quadrat und untereinander, so daß ein offenes Kästchen mit einem Loch in der Mitte entsteht. Dann kleben Sie das zweite Quadrat auf das Kästchen und schließen es auf diese Weise. (*Anmerkung:* Falls Sie die Armreifen mit Geschenkpapier beziehen möchten, lassen Sie Schritt 6 aus.)
6. Bedecken Sie die Oberflächen des Armreifs mit vier bis fünf weiteren Schichten Emaillelack.
7. Nun bemalen, bekleben oder beziehen Sie den Armreif. Zum *Bemalen* verwenden Sie den Einband des Geschenkpapierbuchs *Wiener Werkstätte* als Orientierungshilfe. Mit einem feinen Pinsel und Acrylfarbe bemalen Sie zuerst ein Quadrat und setzen das Muster auf den angrenzenden Flächen fort. Malen Sie zweifarbige, anmutige Federn in leuchtenden Farben, und füllen Sie die Zwischenräume mit weißen Schnörkeln, Kringeln sowie kleinen, zarten gelben und weißen Punkten aus. Darüber hinaus versehen Sie auch die erreichbaren Innenflächen des Armreifs mit Tupfern und Schnörkeln und lassen die Farbe völlig trocknen. Sie können den Armreif auch mit Motiven aus Geschenkpapier *bekleben* (s. allg. Arbeitsanleitungen auf S. 95).
8. Zum Schluß besprühen Sie den Armreif mit mehreren Schichten Klarlack.

OHRRINGE

Je Ohrring:
1. Verwenden Sie entweder einen der 6,2 cm großen Ausschnitte aus dem Armreif, oder schneiden Sie aus Karton einen neuen Kreis zu.
2. Nun ziehen Sie mit Bleistift und Lineal in der Mitte des Kreises eine dünne Linie, die genau durch den Zirkelpunkt führen sollte. Stellen Sie den Zirkel auf einen Radius von 1,7 cm ein. Dann setzen Sie die Zirkelspitze 0,9 cm vom Mittelpunkt des Kreises entfernt auf die Linie und ziehen einen zweiten Kreis. Diese Form schneiden Sie vorsichtig aus (s. Vorlage).
3. Anschließend den Ohrring auf jeder Seite mit sechs oder sieben Schichten schwarzem Emaillelack überziehen.
4. Verfahren Sie nun wie in Schritt 7 der Anleitung für den Armreif, aber verkleinern Sie die Motive.
5. Anschließend besprühen Sie den Ohrring mit mindestens zwei Schichten Klarlack und lassen die Schichten gut trocknen.
6. Ohrring mit einer spitzen Nadel an zwei Stellen durchstechen. Wo der innere Kreis dem äußeren am nächsten kommt, setzen Sie zwei Löcher mit je 0,3 cm Abstand zur Innen- bzw. Außenkante.
7. Dann trennen Sie mit einer Pinzette oder einer kleinen Zange den Verschluß des gekauften Ohrrings ab, setzen ihn in das äußere Loch des selbstgefertigten Ohrrings ein und biegen ihn mit der Zange zurecht.

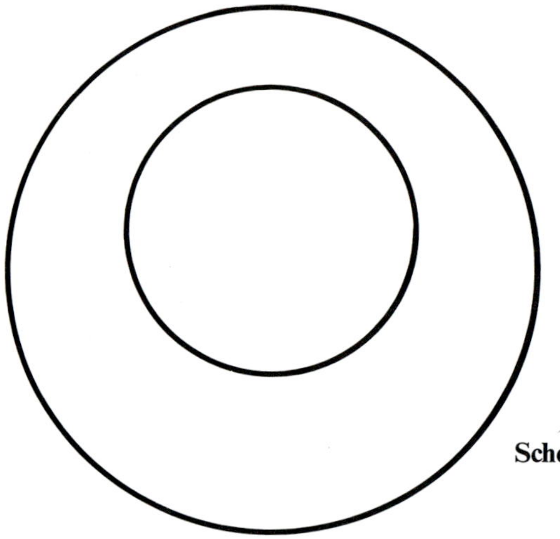

8. Sie können auch den Drahtreifen öffnen und um einen dicken Stift wickeln und erhalten so eine kleine Spriale, die genau in Ihren neuen Ohrring paßt. Dann öffnen Sie einen kleinen Drahtring, befestigen daran die Spirale und ziehen ihn durch das innere Loch Ihres Ohrrings. Zum Schluß schließen Sie den Drahtring.

Schema für den Ohrring (Vorlage in Originalgröße)

KETTE

1. Überziehen Sie das Herz mit zwei Schichten Emaillelack.
2. Das Holzherz über ein gewünschtes Motiv auf den Einband eines Geschenkpapierbuchs legen und zweimal den Umriß übertragen.
3. Die Papierherzen etwas kleiner ausschneiden.
4. Mit einem Filzstift schwärzen Sie nun die Kanten der Kartonherzen.
5. Dann befestigen Sie mit Montagekleber die Kartonherzen auf den Seiten des Holzherzens.
6. Sie können jetzt mit einem feinen Pinsel und Acrylfarben die aufgeklebten Motive ergänzen.
7. Ziehen Sie die runden Perlen auf eine Paketschnur, und spannen Sie die Schnur auf. Die Perlen auseinanderschieben und mit unterschiedlichen Acrylfarben bemalen.
8. Die Perlen mit mehreren Schichten Klarlack besprühen.
9. Für die Perlenkette einen festen Knoten in die Satinkordel machen, und zwar im Abstand von 18 cm zu einem Ende. Von der anderen Seite eine Perle bis an den Knoten heranziehen und hinter ihr wieder einen Knoten machen. Wiederholen Sie den Vorgang mit drei unterschiedlich gefärbten Perlen. Anschließend ziehen Sie das Herz auf, und danach – auf die oben beschriebene Weise – alle übrigen Perlen. Zum Schluß verknoten Sie die Enden der Kordel miteinander und tauchen sie in Klebstoff, damit der Knoten sich nicht lösen kann.

Allgemeine Arbeitsanleitungen

DIE AUSWAHL EINES MUSTERS

Mit vielen Entwürfen der Serie *Geschenkpapiere von Künstlern* können Sie wunderschöne Ergebnisse erzielen. Blättern sie ein Buch durch, und wählen Sie ein Geschenkpapier aus. Trennen Sie den gewünschten Bogen entlang der perforierten Linie heraus, und entfalten Sie ihn vorsichtig zu seiner vollen Größe (etwa 50 x 70 cm).

DIE VORBEREITUNG DES BOGENS

Die *Geschenkpapiere von Künstlern* werden aus hochwertigem, aber relativ leichtem Papier hergestellt. Ich empfehle Ihnen daher, das Geschenkpapier zu verstärken, vor allem, wenn Sie es auf eine Oberfläche kleben wollen.

Sprühklarlack

Entfalten Sie den Bogen, und legen Sie ihn an einen *sehr gut belüfteten* Platz. Lesen Sie die Anleitungen für den Sprühklarlack, und beachten Sie alle Vorsichtsmaßregeln. Eine Seite des Geschenkpapiers einsprühen und ca. 15 Minuten trocknen lassen. Das Papier umdrehen und die andere Seite besprühen. Diesen Vorgang wiederholen Sie vier- bis fünfmal.

Transparente Buchfolie

Legen Sie transparente selbstklebende Buchfolie (Tesa, Brunnen) mit der Papierseite nach oben auf Ihre Arbeitsfläche. Schutzpapier abziehen. Das Geschenkpapier in seiner Originalfaltung aus dem Buch nehmen und ein Viertel (bedruckte Seite nach unten) auf die selbstklebende Folie legen. Achten Sie dabei auf eine möglichst bündige Abschlußkante. Das Geschenkpapier glätten und einmal auseinanderklappen, wieder fest andrücken und schließlich vollständig entfalten. Die laminierten Flächen auf keinen Fall mit Heißpunktkleber verkleben.

DAS UNIVERSALMESSER

Sie sollten ein schmales Universalmesser von guter Qualität verwenden. Geschenkpapier auf die Arbeitsfläche legen und beim Schneiden so drehen, daß Sie immer auf sich zu schneiden. Klingen häufig wechseln. Zum Schneiden gerader Linien ein Metalllineal verwenden; für rechte Winkel nehmen Sie eine Reißschiene.

Zum Einritzen verwenden Sie ebenfalls ein Universalmesser und ein Lineal, schneiden den Karton aber nur leicht ein. Durch Einritzen erhält man einen sauberen Falz; man faltet den Karton immer von der eingeschnittenen Seite weg.

EINZELNE MOTIVE AUFKLEBEN

Mit einem Universalmesser oder einer kleinen, spitzen Schere aus dem verstärkten Geschenkpapier ein Motiv ausschneiden. Entwerfen Sie auf einem Hintergrund Ihr Arrangement, und legen Sie danach Ihre Motive wieder zur Seite. Anschließend mit einem Flachpinsel den Hintergrund mit einer dünnen Schicht Montagekleber oder Weißleim bestreichen. Motive aufkleben und glätten, von innen nach außen vorgehen, so daß alle Luftbläschen herausgedrückt werden. Winzig kleine Motive mit der Spitze eines Universalmessers oder einer dünnen Stricknadel so lange fest andrücken, bis der Klebstoff getrocknet ist. Anschließend die gesamte Oberfläche mit einer dünnen Schicht Montagekleber überziehen, den Sie vollständig trocknen lassen. Falls auf der Oberfläche Pinselstriche sichtbar werden, können Sie sie mit einem sehr feinen Schleifpapier oder Sandpapier abschleifen und den Schleifstaub mit einem Tuch entfernen. Dann tragen Sie ein oder zwei weitere Schichten Montagekleber auf und besprühen zum Schluß die ganze Fläche mit Klarlack.

FLÄCHEN BEZIEHEN

Eine dünne, gleichmäßige Schicht Fixogum oder Sprühkleber auf die Rückseite des verstärkten Geschenkpapiers sowie auf die zu beziehende Fläche auftragen. (Ich verwende gern Fixogum, da es das Papier nicht verzieht oder wellt.) Klebstoff ein paar Minuten antrocknen lassen. Geschenkpapier auf die Oberfläche legen und anpressen, wobei Sie von der Mitte ausgehend nach außen über das Papier streichen, um Luftblasen zu entfernen. Falls Ihnen Ihr Arrangement nicht gefällt, können Sie das Geschenkpapier vorsichtig abheben und erneut aufkleben.

HEISSPUNKTKLEBER

Die Heißklebepistole verteilt einen heißen Klebstoff, der beinahe augenblicklich abbindet und in Sekunden trocknet. Heißpunktkleber ist bequem, sauber, leicht und sicher – wenn Sie die Angaben des Herstellers befolgen. Heißpunktkleber sollte jedoch auf keinen Fall mit laminiertem Geschenkpapier verwendet werden, da der heiße Klebstoff die Plastikfolie schmelzen läßt.

Geschenkpapiere von Künstlern

Diese Geschenkpapierbücher knüpfen an die große Tradition der graphischen Entwürfe bedeutender Künstler an. Sie zeigen klassische Muster und verbinden auf exquisite Weise künstlerischen Anspruch und Nützlichkeit.
Jeder Band der Reihe *Geschenkpapiere von Künstlern* enthält 16 Geschenkpapierbögen, die je zweimal gefaltet und zum leichten Heraustrennen perforiert wurden. Ein Bogen ist also viermal so groß wie das Buch: etwa 50 x 70 cm. Die *Geschenkpapiere von Künstlern* sind im Buchhandel erhältlich.

William Morris
Wiener Werkstätte
Raoul Dufy
Japanische Ornamente von Kimonos
Quilts
Englische Blumenmuster
M. C. Escher
Paisley-Muster
Jugendstil
Französische Blumenmuster